NZZ Libro

Silvio Borner

Über Schulden und Überschuldung

Warum die Politik versagt

Unter Mitarbeit von Sebastian Deininger
(Universität Basel)

Verlag Neue Zürcher Zeitung

Bibliografische Information der Deutschen Nationalbibliothek

Die Deutsche Nationalbibliothek verzeichnet diese Publikation in der Deutschen Nationalbibliografie; detaillierte bibliografische Daten sind im Internet über http://dnb.d-nb.de abrufbar.

Umschlag, Gestaltung, Satz: TGG Hafen Senn Stieger, St. Gallen
Druck, Einband: Kösel GmbH, Altusried-Krugzell

ISBN 978-3-03823-891-1

www.nzz-libro.ch
NZZ Libro ist ein Imprint der Neuen Zürcher Zeitung

Inhalt

Vorwort

Wozu noch ein Buch zur Finanzkrise, über die schon so viel geschrieben wurde? Kann man überhaupt noch etwas Neues dazu sagen? Die Stossrichtung dieses Buches besteht nicht in einer ökonomischen oder gar finanztechnischen Analyse, sondern in der polit-ökonomischen Betrachtung der tiefer liegenden Ursachen und der Folgen für die Zukunft.

Im Rahmen eines Public-Choice-Ansatzes wird herausgearbeitet, weshalb und wie sich öffentliche Schulden und somit auch staatliche Schuldenkrisen von gewöhnlichen Finanzmarkt- oder Bankenkrisen unterscheiden. Im Zentrum steht der Vergleich von Marktversagen und Politikversagen, wobei allein Letzteres für die Staatsschuldenkrise massgeblich ist. Um dies klar zur Darstellung zu bringen, beginne ich mit der Analyse der Ursachen und Folgen von Schulden bei den privaten Haushalten und Unternehmen. Finanztechnisch unterscheiden sich private und staatliche Schulden nicht, polit-ökonomisch betrachtet haben aber öffentliche Schulden zwei Merkmale, die erklären, weshalb gerade in einer Demokratie staatliche Defizite und damit die öffentliche Verschuldung systeminhärent sind: Zum einen sind dies die kollektiven Entscheidungsprozesse über die Ausgaben und Einnahmen, und zum anderen ist es die kollektive Haftung für die Schulden. Das Politikversagen ist somit endogen. Es kann nur durch explizite institutionelle Mechanismen verhindert werden, welche die Handlungsspielräume der Politiker begrenzen, wie dies beispielsweise bei der schweizerischen Schuldenbremse der Fall ist. Ein Kollektiv entscheidet und haftet für seine Entscheide fundamental anders als ein Einzelner, sei es nun ein Haushalt oder ein Unternehmen. Demokratische Willensbildung ist immer mit einem Collective-Action Problem, dem Problem des kollektiven Handelns, verbunden. Und weil der Staat nicht wie ein Privater mit seinem Vermögen haftet, hat das staatliche Budget Allmendcharakter. Im Zentrum stehen somit die Schuldenkrisen von Staaten, die wir im Zeitablauf und im Quervergleich zur Darstellung bringen. Die Schweiz kommt dabei klar besser weg als fast alle übrigen Länder, was durch institutionelle Strukturen wie die direkte Demokratie und den Föderalismus einerseits und eine politisch gewollte Schuldenbremse andererseits erklärt wird. Doch auch hier ist nicht alles Gold, was glänzt. Gerade wegen der Wirksamkeit der Schuldenbremse hat sich der systeminhärente Druck zur Ausdehnung der Staatstätigkeiten auf die Regulierungsschiene verlagert. Die Regulierungswut und -flut belastet die privaten Unternehmen und Haushalte jedoch eher stärker als budgetierte Ausgaben. Zudem sind die Verzerrungs- und Verteilungseffekte noch intransparenter als bei Steuern und Ausgaben. Der gewählte Erklärungsansatz wirft auch ein neues Licht auf die Eurokrise, in der die politische Verantwortungslosigkeit einen bisher unbekannten, traurigen Höhepunkt erreicht hat.

Der Verfasser dankt insbesondere Sebastian Deininger und Dr. Brigitte Guggisberg für die wertvolle Unterstützung bei der Gestaltung und Redaktion dieses Buches. Nützliche Anregungen stammen von Markus Saurer, Dr. Patrick Koch und Dominik Hauri.

Basel, im Oktober 2013
Silvio Borner

1 Einleitung

Jedes Jahrhundert hatte seine ganz eigenen beherrschenden Themen und die damit verbundenen zentralen Herausforderungen. Neben den sozialen Umwälzungen und politischen Revolutionen kam es auch immer wieder zu ökonomischen Krisen. Während es bei Ersteren meist um die scheinbar zeitlosen Fragen von «Reich gegen Arm» und «Mächtig gegen Machtlos» ging, haben ökonomische Krisen einen starken zeitlichen Bezug und sind im Zeitablauf sehr heterogen.

Folgt man Werner Plumpe, so können ökonomische Krisen grob in solche der Vormoderne und solche der (Post-)Industrialisierung unterteilt werden.[1] Wirtschaftskrisen werden in diesem Kontext allgemein als gesamtwirtschaftliche Störungen betrachtet, dies in Abgrenzung zu Begriffen der Konjunkturtheorie (z.B. Depression, Rezession oder Abschwung). Demnach scheinen Wirtschaftskrisen vor 1800, also Krisen der Vormoderne, einen starken Bezug zur Natur und weniger zur Art und Weise des Wirtschaftens zu haben. Zwar gab es auch damals schon Spekulationsblasen an den Börsen, die Tulpenmania der Jahre 1630–1638 ist ein bekanntes Beispiel dafür, doch mehrheitlich ging es um viel existenziellere Dinge wie etwa Ernährungskrisen als Folge schlechter Ernten durch klimatische Katastrophen. Wirtschaftskrisen, deklariert als gesamtwirtschaftliche Störungen in Zeiten des modernen Wirtschaftens, weisen hingegen eine viel grössere Nähe zu dem auf, was Ökonomen als Spekulationsblasen bezeichnen. Diese werden im Gegensatz zu den umweltbedingten Krisen der Vormoderne durch aktives Verhalten der Marktakteure herbeigeführt und letztlich zum Platzen gebracht. Später werden wir diese Form gesamtwirtschaftlicher Störungen als mögliche Ausprägung einer Finanzkrise einordnen und als Bankenkrise bezeichnen. Auch (Staats-) Schuldenkrisen fallen in die Kategorie der Finanzkrisen, sie sind jedoch getrennt von Bankenkrisen zu betrachten. Beide Formen von Finanzkrisen sind keinesfalls nur eine Erscheinung der Neuzeit, sondern historisch häufig dokumentierte Ereignisse von grosser Tragweite. Während Bankenkrisen infolge des Platzens einer Spekulationsblase einen bestimmten, mehr oder minder geordneten Verlauf zeigen, gilt dies nicht in gleicher Weise für staatliche Schuldenkrisen. Zu Beginn einer Bankenkrise werden apokalyptisch anmutende Szenarien wie die Grosse Depression in der politischen Diskussion schnell bemüht, um sich sogleich als fälschlich zu erweisen. Wir werden zeigen, dass Bankenkrisen in der Gegenwart zwar häufiger auftreten als früher, in der Regel jedoch von viel kürzerer Dauer sind. Dies ist ein Anzeichen dafür, dass die Märkte effizienter funktionieren als in der vorindustriellen Zeit. Staatsschuldenkrisen hingegen haben ihren Ursprung nicht in einer Überhitzung der Märkte für verschiedenste Vermögensanlagen, sondern im dauerhaften Politikversagen.

Betrachtet man die ökonomischen Krisen der letzten Jahrhunderte, fällt zudem auf, dass diese in einem immer engeren Kontext zum menschlich-aktiven Handeln stehen. Mit anderen Worten hat sich der Einfluss menschlichen Verhaltens auf die Art der Krise und auf deren Verlauf über die Jahrhunderte hinweg vergrössert. Müsste man für das noch junge 21. Jahrhundert ein zentrales Thema finden, das die Länder global herausfordern wird, so wäre dies eindeutig die zunehmende Verschuldung respektive Überschuldung von Staaten. Erstere ist nicht per se etwas Schlechtes, im Gegenteil. Die Möglichkeit der Verschuldung gestattet es einem Individuum oder auch einem Staat, Ausgaben heute zu tätigen, unabhängig davon, ob Liquidität vorhanden ist oder nicht. Dieses Instrument der Kreditaufnahme ist zentral für unsere Wirtschaftsordnung, da es partiell eine Umverteilung von Vermögenden zu weniger Vermögenden ermöglicht, ohne dass politisch-regulatorisch Einfluss genommen werden muss. Ein Beispiel hierfür ist die Finanzierung der Ausbildung und damit der Aufbau von Humankapital. Für den jungen Menschen mit begrenzten finanziellen Mitteln schafft eine Ausbildung die Möglichkeit, in Zukunft mehr Einkommen zu erzielen. Es ist deshalb sowohl aus Sicht dieses jungen Menschen wie auch gesamtwirtschaftlich sinnvoll, heute einen Kredit aufzunehmen, der nach erfolgreicher Investition (in Bildung), mit der Rendite der Investition (Bildungsrendite), zurückbezahlt werden kann. Neben dieser positiven Facette von Verschuldung existiert jedoch auch eine negative, die der Überschuldung. Diese tritt salopp gesagt dann ein, wenn der Schuldner seine angehäufte Schuldenlast nicht mehr fristgerecht bedienen kann. Die Gründe hierfür sind vielschichtig und können je nach Typ des Schuldners (Haushalt, Staat, Unternehmen) ganz verschieden sein. Sie sollen in diesem Buch erläutert werden. Im vorangegangenen Beispiel kann eine Überschuldung dadurch entstehen, dass der Bildungskredit in der Jugend zu hoch war oder die Bildungsrendite zu gering ausfiel. Analoges gilt für Unternehmen und Staaten. Bei der Gegenüberstellung der drei Gruppen wird jedoch ein eklatanter Unterschied deutlich werden: Während Unternehmen meist Investitionen tätigen, die kalkulierbar sind und einen gewissen berechenbaren Return on Investment (ROI) versprechen, gilt Gleiches nicht für den Staat; denn dieser ist kein Investor, sondern ein Produzent öffentlicher Güter, und immer mehr auch ein Umverteiler finanzieller Ressourcen. Natürlich kann argumentiert werden, dass auch der Staat, soweit er die Finanzierung der Ausbildung des jungen Menschen übernimmt, einen Anspruch auf die Rendite erheben kann. Mit den klassischen Investitionen eines Unternehmens kann diese Art der staatlichen Investition jedoch nur teilweise verglichen werden, denn ein junger Mensch ist mobil und kann das Land, das seine Ausbildung finanziert hat, nach dem Abschluss jederzeit verlassen. Dieser sogenannte Braindrain belastet aktuell die ost- und südeuropäischen Länder, aus denen besonders die gut ausgebildeten und talentierten Fachkräfte in grosser Zahl abwandern, weil sie zu Hause keine Perspektiven sehen. Auch öffentliche Investitionen in die Infrastruktur (Strassen, Bahnen, Stromversorgung) werden nicht primär im Hinblick auf eine Rendite getätigt, sondern weit mehr im Hinblick auf einen zukünftigen volkswirtschaftlichen Ertrag. Bei den Bahnen in der Schweiz kommen die Benutzer für nur gerade die Hälfte der Kosten auf, der Rest ist (hoffentlich) volkswirtschaftlicher Nutzen, der nicht direkt einzelnen Unternehmen, Regionen usw. zurechenbar ist. Dieser aussermarktliche Ertrag öffentlicher Investitionen ist deshalb problematisch, weil er bei den einzelnen Steuerzahlern in unterschiedlicher Höhe anfällt und weil er nicht wie private Güter auf dem Markt durch die Zahlungsbereitschaft der Nutzniesser bewertbar ist.

So gross die Unterschiede der Wirtschaftseinheiten auch sind, ein Grundsatz ist ihnen allen gemein: Liegen die eigenen Ausgaben dauerhaft über den Einnahmen, wird dies unweigerlich zu Überschuldung führen. Für den Fall des öffentlichen Sektors gibt Abbildung 1 einen historischen Überblick in Form des Ausgaben-Einnahmen-Verhältnisses (AEV)[2] im Zeitverlauf ab 1980 für die Schweiz und für ausgewählte Regionen. Während die Schweiz in den 1980er-Jahren fast in jedem Jahr mehr einnahm, als sie ausgab, lag das Verhältnis sowohl für (Rest-)Europa als auch für Nordamerika stets über 1. Die durchschnittlichen Werte dieser Periode liegen bei 0,98 für die Schweiz und bei 1,10 bzw. 1,21 für Europa und Nordamerika.

Die zweite Hälfte der 1990er-Jahre zeigt ein kontinuierliches Sinken des AEV, wobei der Wert in (Rest-)Europa und Nordamerika das vorläufige Minimum im Jahr 2000 und in der Schweiz 2001 erreicht. Eine mögliche Erklärung hierfür ist der sogenannte Clinton-Boom in den USA und die New Economy, die weltweit um die Jahrtausendwende für wirtschaftlichen Aufschwung und sprudelnde Steuereinnahmen sorgte. Doch steigende Staatseinnahmen bedeuten zumeist auch zunehmende Begehrlichkeiten. So steigen die Ausgaben des Staates meist simultan mit den Einnahmen, doch wenn die Einnahmen zurückgehen, sinken die Ausgaben bei Weitem nicht so schnell. Dies zeigt sich in den Jahren vor der Finanzkrise 2008, in denen das AEV zunächst steigt und erst spät aufgrund von Anpassungen der Ausgabenseite wieder sinkt. Von besonderem Interesse für unsere Analyse sind die Krisenjahre ab 2008. Sowohl in (Rest-)Europa als auch in Nordamerika fallen die Staatseinnahmen infolge der Krise deutlich geringer aus als zuvor. Gleichzeitig werden aber Konjunkturprogramme lanciert, um die Wirtschaft zu stützen. Die Folge ist ein sprunghafter Anstieg des AEV. Für die Schweiz gilt dies nicht. Zum einen wurde sie von der Finanzkrise nicht ganz so hart getroffen wie (Rest-)Europa und Nordamerika, und die Staatseinnahmen blieben entsprechend relativ konstant. Zum anderen hat die Schuldenbremse verhindert, dass die Staatsausgaben sprunghaft gestiegen sind. Auf diese Weise konnte der Schweizer Staat selbst während der Krise mehr einnehmen, als er ausgab.

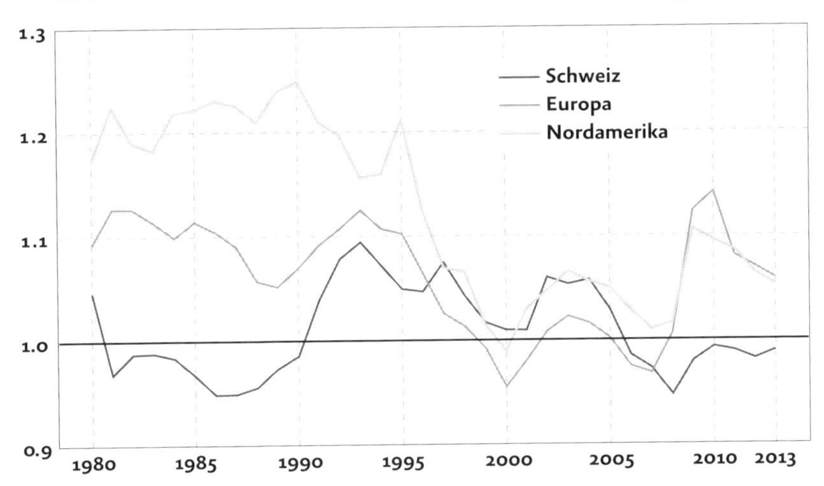

Abbildung 1: Entwicklung des Ausgaben-Einnahmen-Verhältnisses der Schweiz im Vergleich zu ausgewählten Regionen von 1980 bis 2013. Quelle: Eigene Berechnungen auf Basis von Oxford Economics (aus Datastream).

Über den ganzen Zeitraum von 33 Jahren hinweg betrachtet, übersteigen die Einnahmen die Ausgaben in der Schweiz immerhin 16 Jahre lang. In (Rest-)Europa ist dies nur während fünf Jahren der Fall, Nordamerika weist lediglich ein einziges Jahr mit höheren Einnahmen aus. Für die gesamte Periode berechnet, beläuft sich das durchschnittliche AEV in der Schweiz auf 1,01, in Europa auf 1,06 und in Nordamerika auf 1,13.

Wie bereits eingangs diskutiert, kann kein Mensch, aber auch keine Institution, auf Dauer mehr Geld ausgeben als eingenommen wird. Früher oder später kommt es unweigerlich zur Überschuldung und in der Folge zum Bankrott. Dieser Grundsatz gilt gleichermassen für Individuen wie für Unternehmen und auch für Staaten.

2 Finanzkrisen: Banken-, Schulden- und Währungskrisen

Um das Thema der Verschuldung umfassend analysieren zu können, muss neben dem Staat, den Unternehmen und den Privathaushalten noch ein vierter Kreis von Akteuren eingeführt werden: die Banken oder allgemeiner die Finanzinstitute, deren Geschäft das Kreditwesen begründet und die Finanzmärkte bestimmt. Banken und Finanzmärkte sind eng mit den eingangs genannten ökonomischen Störungen des postindustriellen Wirtschaftens verknüpft.

Verfolgt man die verschiedenen Typen von Bankenkrisen und späteren Währungs- und letztlich Staatskrisen bis in das frühe 19. Jahrhundert zurück, erkennt man eine gewisse Parallelität im Verlaufsmuster. Die Literatur unterscheidet grundsätzlich zwischen drei Arten von Finanzkrisen: Bankenkrisen, Währungskrisen und Schuldenkrisen.

Bankenkrisen werden von den Autoren Carmen M. Reinhart und Kenneth S. Rogoff in ihrem vielbeachteten Werk «This Time Is Different: Eight Centuries of Financial Folly» durch das Auftreten von einem der folgenden zwei Ereignisse definiert:

1. «Bank runs that lead to the closure, merging, or takeover by the public sector of one or more financial institutions.
2. If there are no runs, the closure, merging, takeover, or large-scale government assistance of an important financial institution (or group of institutions) that marks the start of a string of similar outcomes for other financial institutions.»[3]

Unter Teil 2 dieser Definition könnte die der UBS im Jahr 2008 gewährte Hilfe als eindeutiger Beleg für eine Bankenkrise in der Schweiz gesehen werden.[4] Klassische Runs auf die Banken sind jedoch ausgeblieben, weil Depositen heute weitgehend staatlich versichert sind und – noch wichtiger – weil der Vertrauensverlust in dieser Krise vor allem die Interbankkredite zum Versiegen brachte. Deshalb wurden sowohl in den USA als auch in

Europa zahlreiche Finanzinstitute entweder verstaatlicht oder mit kräftigen Finanzspritzen der öffentlichen Hand am Leben erhalten – nicht nur in Einzelfällen, sondern in beinahe systematischer Manier. Bankenkrisen, auch das heben die Autoren Rogoff und Reinhart klar hervor, sind kein exklusives Phänomen der Gegenwart, ganz im Gegenteil. Abbildung 2 gibt eine geografische Übersicht zu den Bankenkrisen seit 1800 oder dem Zeitpunkt der Unabhängigkeit des jeweiligen Staates.

Abbildung 2: Bankenkrisen seit 1800 weltweit. Quelle: Eigene Darstellung auf Basis von Reinhart/Rogoff (2009) und «Banking Crises: An Equal Opportunity Menace».

Wie aus Abbildung 2 ersichtlich, existiert vor allem in Industrieländern eine starke Tendenz zu Bankenkrisen. Unter den Schwellenländern stechen interessanterweise insbesondere Brasilien, Mexiko, China, Indien und Südafrika hervor, die ähnlich den Industrieländern deutlich über dem globalen Durchschnitt liegen.Neben der Häufigkeit ist die Dauer der Bankenkrise ein wichtiger Faktor. Wir messen sie hier als Anteil der Jahre, in dem sich ein Staat seit 1800 bzw. seit seiner Unabhängigkeit in einer Krise befand. Dieser Wert könnte als Indikator für die Intensität der Krise betrachtet werden. Einen Überblick dazu gibt Tabelle 1.

Region oder Staatengruppe	Dauer an Jahren in %, in denen sich eine Region in einer Bankenkrise befunden hat, seit 1800 oder Unabhängigkeit	Anzahl der Bankenkrisen
Afrika	12,5	1,7
Nordamerika	11,2	10,5
Asien	11,2	3,6
Argentinien, Brasilien und Mexiko	9,2	9
Schwellenländer	8,3	2,8
Industriestaaten	7,2	7,2
Europa	6,3	5,9
Ozeanien	4,8	2
Lateinamerika	4,4	3,6

Tabelle 1: Dauer an Jahren in Prozent, in denen sich eine Region in einer Bankenkrise befand, und durchschnittliche Anzahl der Krisen. Quelle: Reinhart/Rogoff (2009), S. 154.

In Afrika befanden sich die Staaten durchschnittlich während 12,5 Prozent der Zeit in einer Bankenkrise, obwohl sie durchschnittlich nur 1,7 Bankenkrisen zu bewältigen hatten. Dieser hohe Prozentanteil ist zumindest teilweise ein statistisches Phänomen. Er erklärt sich dadurch, dass 77 Prozent der Bankenkrisen auf diesem Kontinent nach 1945 stattfanden und die Historie, die für Afrika erfasst ist, nicht viel länger dauert. Die Länder blicken auf eine vergleichsweise kurze Geschichte zurück, da sie infolge des Kolonialismus erst spät als souveräne Staaten anerkannt wurden. Von diesem Phänomen einmal abgesehen, fällt in den Industriestaaten sowie der Staatengruppe Argentinien, Brasilien und Mexiko die Tendenz zu einer gewissen Proportionalität zwischen der Anzahl Bankenkrisen und ihrer Dauer auf. Interessanterweise gilt dies jedoch nicht für Schwellenländer insgesamt, wo sich eine Diskrepanz von Anzahl und Dauer der Bankenkrisen ähnlich den Staaten in Afrika zeigt. Möglicherweise also begünstigen die Umstände des sich immer wieder neu erfindenden Kapitalismus, wie er in den Industrie-, nicht aber in den Entwicklungsländern etabliert ist, auch das Auftreten von Bankenkrisen (als reinigende Gewitter). Deren Häufigkeit deutet zudem darauf hin, dass Spekulationsblasen unter Wettbewerbsbedingungen schnell erkannt und effizient gelöst werden, was sich letztlich auch auf die im Vergleich zu Entwicklungsländern signifikant kürzere Dauer der Krisen niederschlägt. Weder ein selteneres Auftreten noch eine kürzere Dauer von Bankenkrisen muss jedoch zwangsläufig bedeuten, dass es sich um eine insgesamt weniger (finanz-)krisengebeutelte Region handelt. Bankenkrisen beinhalten vielmehr auch eine gewisse Ansteckungsgefahr und können sowohl die Finanzmärkte wie auch die Realwirtschaft und letztlich sogar ganze Staaten erfassen. Möglicherweise waren die Bankenkrisen in einigen Fällen nur Vorboten für noch Schlimmeres. Ein aktuelles Beispiel dafür sind die Entwicklungen in Euroland, das sich seit geraumer Zeit in einer Währungs- respektive Schuldenkrise befindet.

Eine zweite Art von Finanzkrisen sind Währungskrisen. Laut Reinhart und Rogoff wird unter einer Währungskrise einerseits die (Hyper-)Inflation und andererseits auch die Abschaffung einer Währung oder – worüber wir noch reden werden – der Währungszerfall verstanden. Eine Währungskrise kann folgendermassen definiert werden: «An annual depreciation versus the U.S. dollar (or the relevant anchor currency – historically the U.K. pound, the French franc, or the German DM and presently the Euro) of 15 per cent or more.»[5]

In die dritte Kategorie von Finanzkrisen fallen Staatsschuldenkrisen. Sie werden in externe und in inländische Schuldenkrisen unterteilt.

Bei der externen Schuldenkrise bestehen die Verpflichtungen in Fremdwährung, weshalb eine Inflation mit Abwertung der heimischen Währung keine Lösung sein kann. Es kommt folglich zur Zahlungsunfähigkeit mit anschliessendem Schuldenschnitt: «A sovereign default is defined as the failure of a government to meet a principal or interest payment on the due date (or within the specified grace period). These episodes include instances in which rescheduled debt is ultimately extinguished in terms less favourable than the original obligation.»[6]

Bei einer rein inländischen Schuldenkrise hingegen kann die Zentralbank Schuldtitel des Staates aufkaufen und durch Geldschöpfung in eigener Währung finanzieren. Früher oder später endet dies jedoch in einer Inflation oder gar einer Hyperinflation. In beiden Fällen kommt es zu einer Währungskrise. Im Euroland haben wir insofern eine besondere Situation, dass Griechenland über keine landeseigene Währung mehr verfügt und somit die griechische Zentralbank bezüglich der Geldmengensteuerung machtlos ist. Die Intervention im Sinne des Aufkaufs griechischer Staatsanleihen muss infolgedessen durch die Europäische Zentralbank (EZB) erfolgen. Wir werden im Kapitel 10 diese absolut neue Problematik näher unter die Lupe nehmen.

Abbildung 3 gibt einen Überblick zu den Schuldenkrisen der letzten rund 210 Jahre weltweit.

Abbildung 3: Schuldenkrisen seit 1800 weltweit. Quelle: Eigene Darstellung auf Basis von Reinhart/Rogoff (2009).

Die Länderübersicht zeigt nur ganz wenige Staaten, die nie in eine Schuldenkrise geraten sind und deshalb auch nie ihre Schulden «restrukturieren» mussten. Zu diesen Musterschülern zählen unter anderem die skandinavischen Länder, Irland, Island, Kanada, Australien und Neuseeland. Und natürlich die Schweiz. Interessanterweise befinden sich die Staaten mit mehr als fünf Zahlungsausfällen mehrheitlich in Lateinamerika sowie Mittel- und Südeuropa. Beim Vergleich der Abbildungen 2 und 3 fällt zudem auf, dass die Anzahl der Bankenkrisen innerhalb eines Landes nicht direkt mit den staatlichen Schuldenkrisen zusammenhängt. Die eingangs angesprochene Auffassung, dass eine Bankenkrise in eine staatliche Schuldenkrise münden muss, ist somit historisch widerlegt.

Frühe Keynesianer vertraten die Ansicht, dass sich die Wirtschaft als Ganzes stets in einem labilen Zustand befinde. Ein

Ereignis wie eine Bankenkrise könnte in diesem Zustand schnell und unvermittelt auftreten und weitere Krisen auslösen. Sie folgerten daraus, dass die Wirtschaft, sobald sie einmal im Ungleichgewicht ist, nur wieder sehr schwer ins Gleichgewicht zurückfindet. Um zurück auf den Pfad von Wachstum bei Vollbeschäftigung zu kommen, wurden staatliche Eingriffe in Form von expansiven und defizitfinanzierten Konjunkturprogrammen propagiert, wobei dieser fiskalische Interventionismus massiv durch monetäre Lockerungsübungen unterstützt wurde. Diese Politik erscheint vor dem Hintergrund der historischen Entwicklung von Finanzkrisen verfehlt.

Wie der Tabelle 1 zu entnehmen ist, waren seit 1800 insbesondere die Industrie- und die Schwellenländer Opfer zahlreicher Bankenkrisen. Die Dauer einer durchschnittlichen Bankenkrise war jedoch in diesen Staaten sehr kurz. Der Grund dafür ist eigentlich naheliegend: Bankenkrisen treten meist dann auf, wenn spekulative Blasen platzen. Sie sind daher – ausser in Ausnahmefällen – unabhängig von staatlichen Schuldenkrisen. Umgekehrt können Schuldenkrisen jedoch eine Folge von Bankenkrisen sein, wenn der Staat zu viel Geld ausgibt, um die Banken zu retten und die Konjunktur zu stützen.

Wenn eine spekulative Blase platzt, kommt es meist zu einer schnellen Korrektur ohne schwere gesamtwirtschaftliche Störung. In der Schweiz erlebten wir dies in den 1990er-Jahren, als sich eine Immobilienblase ohne grossen Lärm auflöste. Durch Marktversagen[7] hervorgerufene private Finanzkrisen können in der Regel trotz eines finanziellen Kollapses bei einzelnen Finanzinstituten relativ schnell und effizient erkannt und überwunden werden, sodass nach kurzer Zeit das ökonomische Gleichgewicht wiederhergestellt wird. Ganz im Gegensatz dazu brauen sich Staats(schulden)krisen über einen längeren Zeitraum hinweg zusammen und weisen strukturelle Ursachen auf. Wie bereits eingangs erwähnt, haben sie ihren Ursprung in systematischen Ausgabenüberschüssen der Staaten. Diese beruhen jedoch auf gesetzlichen Grundlagen, die der ökonomischen Entwicklung als Folge der Trägheit des politischen Prozesses oft hinterherhinken. Ausgabenüberschüsse sind daher häufig von langer Dauer. Sie sind zwar ebenso gut oder sogar besser diagnostizierbar als spekulative Blasen, können aber in der Regel nicht so schnell und effizient wie diese gelöst werden. Im Gegenteil. Keynesianer neigen dazu, die Krankheit mit dem Virus zu bekämpfen. Weitere Staatsausgaben – beispielsweise in Form von Konjunkturprogrammen – sollen der überbordenden und systematischen Überschuldung eines Staates entgegenwirken. Eine immer wieder auftauchende Phrase hierbei ist, dass es jetzt (angeblich) der falsche Moment sei, das (grundsätzlich) Richtige zu tun. Während es sich bei der Ursache von Bankenkrisen um ein Markt- und Regulierungsversagen handelt, ist die Schuldenkrise eine reine Folge von Politikversagen. Währungskrisen können sowohl aus Bankenkrisen, aber vor allem aus staatlichen Schuldenkrisen resultieren und stellen eine Mischung aus Markt- und Politikversagen dar. Es gibt eine rein private Währungsspekulation auf den Devisenmärkten in Form von gezielten Gegenwetten auf wacklige Währungsparitäten. Aber es gibt auch unilaterale Deklarationen der Zahlungsunfähigkeit von souveränen Staaten. Beide Fälle sind jedoch indirekte oder direkte Folge einer drohenden oder ausgebrochenen Schuldenkrise. Im Folgenden werden wir uns deshalb auf die Banken- und Schuldenkrisen fokussieren. Währungskrisen werden nur am Rande vorkommen, insbesondere dann, wenn es um die jüngsten Spannungen in Euroland geht.

3 Die gegenwärtige Krise: Bankenkrise beschleunigt die Schuldenkrise

3.1 Marktversagen und spekulative Blasen

Unter adäquaten institutionellen Voraussetzungen funktionieren Märkte in der Regel effizient und wohlfahrtsmaximierend. Dies bedeutet, dass die Akteure auf der Nachfrage- und der Angebotsseite ohne regulatorischen Eingriff von Dritten zu einer Marktlösung kommen, die ihren Präferenzen entspricht. Die Produzenten eines privaten Gutes, beispielsweise Wohnungen, bieten in einer bestimmten Periode eine bestimmte Anzahl Neuwohnungen an. Der sich am Markt für Neuwohnungen ergebende Preis ist unter Wettbewerbsbedingungen ein effizienter Zuteilungsmechanismus, der das Zusammenspiel von angebotener und nachgefragter Menge einerseits und Kosten bzw. Nutzen andererseits koordiniert. Wenn jedoch der Staat in diesen Preisbildungsprozess eingreift, sei es direkt durch Preiskontrollen oder Rationierungen (Ecklösungen) oder indirekt durch selektive Eingriffe in die Anreizstrukturen auf der Angebots- oder Nachfrageseite, dann entstehen Preisverzerrungen. Diese führen entweder zu Leerständen (Überschussangebot) oder zu «Wohnungsnot» (Wohnungsmangel/Unterangebot). Zu dieser statischen Ineffizienz kommt eine dynamische hinzu. Die Preis- und Nutzungsregulierungen im Wohnungsmarkt schrecken potenzielle Investoren ab, wobei es – wie beispielsweise in Genf – zu steigenden Mietzinsen bei gleichzeitig sinkenden Neuinvestitionen kommen kann. Eine solche Mietzinsregulierung geht dann langfristig auf Kosten der Mieter, insbesondere jener Mieter, die neu als Nachfrager auftreten. Mit Marktversagen hat dies noch nichts zu tun, eher mit Staats- bzw. Regulierungsversagen, doch hierzu mehr im nächsten Kapitel. Tatsächliches Marktversagen kann aus verschiedenen Gründen zustande kommen. Ein Schulbeispiel sind öffentliche Güter wie etwa die saubere Luft zum Atmen, die sich (noch) durch Nichtrivalität im Konsum und einer Nichtausschliessbarkeit vom Konsum auszeichnen. Private Unternehmen werden unter diesen Bedingungen nicht in Technologien investieren, die saubere Luft garantieren. Dennoch möchte jeder die saubere Luft atmen, wenn sie als öffentliches Gut zur Verfügung gestellt wird. Dieses Verhalten wird «Trittbrettfahrerverhalten» genannt. Auch asymmetrische Information kann ein Grund für Marktversagen sein. Ein Beispiel hierfür ist der Versicherungsmarkt, in dem der Versicherte in der Regel besser über sein persönliches Risiko des Schadenfalls Bescheid weiss als der Versicherer, wodurch er diesem eine zu niedrige Schadenswahrscheinlichkeit vortäuschen kann, die (fälschlicherweise) seine Prämie sinken lässt. Auch externe Effekte können ein Grund für Marktversagen sein. Eine Färberei zum Beispiel, die giftiges Abwasser zum Schaden der Allgemeinheit in den Fluss leitet, schafft negative externe Effekte, während die Bewirtschaftung eines Parks, durch welchen die ganze Wohngegend aufgewertet wird, ein Beispiel für positive externe Effekte ist. Zu guter Letzt gibt es auch sogenannte natürliche Monopole, die sich dadurch auszeichnen, dass ein einziger Anbieter den gesamten Markt günstiger versorgen kann als jede andere Anbieterkonstellation. Einen Wettbewerb im Markt gibt es dann natürlich nicht. Hingegen könnte ein ineffizienter, eingesessener natürlicher Monopolist durch einen Neuling im Wettbewerb um den Markt verdrängt werden. Vollständiges Marktversagen tritt dann ein, wenn ein natürliches Monopol mit hohen irreversiblen Investitionen (versunkenen Kosten) gekoppelt ist. In gewissen Versorgungs- und Netzwerkindustrien dürfte dies der Fall sein. Ein natürliches Monopol mit hohen Kostenirreversibilitäten (Sunk Costs) hat nicht einmal mehr Verdrängungswettbewerb zu gewärtigen. Es kann sich somit ineffizient verhalten (zulasten des Konsumenten) und muss deshalb reguliert werden. Beispiel für ein solches natürliches Monopol ist das Stromnetz. Auch im Fall einer Bankenkrise ist oft Marktversagen im Spiel; zum Beispiel als Folge asymmetrischer Information. Dieses Problem trat ausgeprägt bei den toxischen Papieren auf Ramschniveau auf, die Mitte 2000 verbrieft und als gute Wertanlage an eine andere Bank, Fonds oder sogar kommunale Verwaltungen weiterverkauft wurden. Aufgrund der grossen Komplexität dieser Derivate wusste (wenn überhaupt) nur derjenige deren Risiko einzuschätzen, der sie selbst verbrieft hatte. In Finanzmärkten sind Informationen jedoch die preisbestimmenden Faktoren. Wenn diese nicht, nicht vollumfänglich oder nur verzerrt zur Verfügung stehen, kommt es zu Fehleinschätzungen und damit auch zu Preisverzerrungen der Produkte. In diesem Fall wurde das Ausfallrisiko der Hypothekarkredite schlicht zu tief bewertet. Die Folgen sind bekannt. Nachdem im Jahr 2007 die Immobilienblase in den USA platzte, wurde das ganze Ausmass dieser Geschäftspraxis bzw. deren effektive Risiken offenkundig. Dass diese Blase so gross werden und ihr Platzen nicht nur den USA, sondern der gesamten Weltwirtschaft stark zusetzen konnte, liegt neben der asymmetrischen Information auch an der globalen Verflechtung der Finanzmärkte, die das erste Problem noch verschärfte. Gleichzeitig hat man offensichtlich in vielen Fällen den Aspekt der Diversifikation als natürliches Instrument der Risikostreuung und Risikooptimierung vernachlässigt.

Problematisch war und ist auch die Regulierung der Finanzmärkte. So führt auf der einen Seite zu wenig Regulierung dazu, dass die Märkte unter asymmetrischer Information leiden. Gleichzeitig hat der Regulierungswahn der letzten Jahre auch zu einem enormen Anstieg der Komplexität in diesen Märkten geführt. Dieser Komplexitätsanstieg ist nicht zuletzt auch für die steigende «Kreativität» der Bankmitarbeiter verantwortlich, welche die Intransparenz teilweise noch gezielt verstärkten und das Problem der asymmetrischen Information damit verschärften. Wie bereits im vorangehenden Kapitel festgehalten, reagieren Finanzmärkte recht schnell auf Blasen. Das Platzen führt kurzfristig zu einer Schwächung der Gesamtwirtschaft. Ein Gleichgewicht kann jedoch relativ rasch wiederhergestellt werden. Anders verhält sich dies im Falle der staatlichen Schuldenkrisen.

3.2 Staats- und Regulierungsversagen

Aufgrund des möglichen Eintretens von verschiedenen Formen des Marktversagens sind Finanzmärkte nicht perfekt. Es war deshalb eine gefährliche Selbstüberschätzung der ökonomischen Theorie, Finanzmärkte als besonders effizient und zum Gleichgewicht tendierend zu modellieren. Finanzmärkte sind nicht nur volatil, sondern neigen auch zu mittelfristigen Fehlentwicklungen (Überschiessen) nach unten und oben. Bestens bekannt sind die spekulativen Blasen, die sich stets nach demselben Muster abspielen. Wissenschaftlich-technische oder institutionell-politische Neuerungen, manchmal auch nur schon neue Finanzinstrumente, lösen eine Welle von Optimismus aus. Diese mündet in eine Phase der Euphorie, welche die Blase endogen so lange aufbläst, bis sie eines nicht so schönen Tages platzt. Gegenstand solcher spekulativen Abirrungen können Liegenschaften, Aktien, Kunstobjekte, neue Technologien (IT), neue Geschäftsfelder, Rohstoffe oder Nahrungsmittel sein. Allen Blasen gemeinsam ist die zunehmende sogenannte Leverage: Je später ein Akteur im Blasenaufbau einsteigt, desto mehr Fremdkapital wird er einsetzen (müssen), um die Rendite des Eigenkapitals hochzustemmen. Fremdkapital ist günstiger als Eigenkapital, erhöht jedoch auch das Risiko der Investition. Die tiefhängenden Früchte wurden ja von den Frühaufstehern bereits gepflückt. Um die Blase implodieren zu lassen, reicht es bereits, wenn nur schon die Preissteigerung ins Stocken gerät. Nicht nur verkaufen dann viele Anleger im Stile von Ausverkäufen ohne Rücksicht auf Verluste. Nein, auch die mit Bankkrediten operierenden Spekulanten verlieren sofort ihre Depots, wenn deren Wert in die Nähe der Kreditlimite fällt. Und dann kracht es! Das ist gesamtwirtschaftlich nur dann wirklich folgenschwer, wenn die Vermögenseinbussen die privaten Haushalte und Unternehmen derart stark treffen, dass diese ihre Konsum- und Investitionsausgaben drastisch senken (müssen), denn dann kommt es zu einer Rezession. Natürlich können spekulative Blasen auch direkt eine Bankenkrise auslösen. Vor allem dann, wenn sich die Banken selbst massiv und mit einem Minimum an Eigenkapital an der Blase beteiligt haben. Das war in den 1990er-Jahren bei der schweizerischen Liegenschaftskrise nicht der Fall, wohl aber bei der amerikanischen Housing Bubble von 2007 bis 2009. Die Folgen sind bekannt. Weniger bekannt ist, dass diese Blase durch politische Aktionen sowohl im Liegenschaftssektor wie auch in der fehlerhaften Eigenkapitalregulierung der Banken entscheidend (mit-)verursacht wurde. Das Politikversagen beschränkte sich hierbei nicht auf eine zu wenig effektive Regulierung. Bekannt geworden ist eine Rede des damaligen US-Präsidenten, der nur fünf Jahre vor dem Bersten der Housing Bubble anlässlich einer White House Conference explizit höhere Eigenheimquoten forderte: «You see, we want everybody in America to own their own home.»[8]

Der Satz schaffte es zwar in die politische Diskussion, doch nur wenige waren konsequent genug, daraus ein Versagen der Politik abzuleiten. Analoges gilt für die jahrelange expansive Geldpolitik, welche die Märkte überschwemmte und die Zinsen nach unten drückte. Die Krise im Immobiliensektor wurde allein dem Versagen des Marktes und seiner Hauptakteure zugeschrieben, obwohl sie zweifellos ebenso sehr oder zur Hauptsache die logische Folge politischer Fehlanreize war.

Neben den falsch gesetzten Anreizen war auch die falsche Regulierung ein Problem. Abbildung 4 zeigt dies am Beispiel der Eigenkapitalquoten der beiden Schweizer Grossbanken UBS und CS. Die ungewichtete Eigenkapitalquote der beiden Banken sank zwischen 1995 und 2008 von knapp 7 Prozent gefährlich weit ab, auf zeitweise 3 Prozent. Die im Rahmen von Basel II erstmals – angeblich präziser – risikogewichtete und regulierungsrelevante Quote verschleierte das Problem. Sie zeigte für dieselbe Periode einen deutlichen Anstieg an. Basel III will die Risikogewichtung nun nochmals verfeinern. An der grundlegenden Umgehungsproblematik wird dies nichts ändern, es wird sie eher noch vergrössern.

Die zunehmende Komplexität der Regulierung erreicht letztlich das Gegenteil und eröffnet mehr noch Möglichkeiten zur Verschleierung («Asymmetrie der Information», siehe oben), Umgehung oder gar Ausserkraftsetzung der Vorschriften durch «kreative Innovationen» wie Auslagerung von Geschäften aus den Bilanzen oder Verlagerungen ins Ausland. Leider sind diese regulatorisch provozierten Innovationen für das Funktionieren der Finanzmärkte kontraproduktiv.

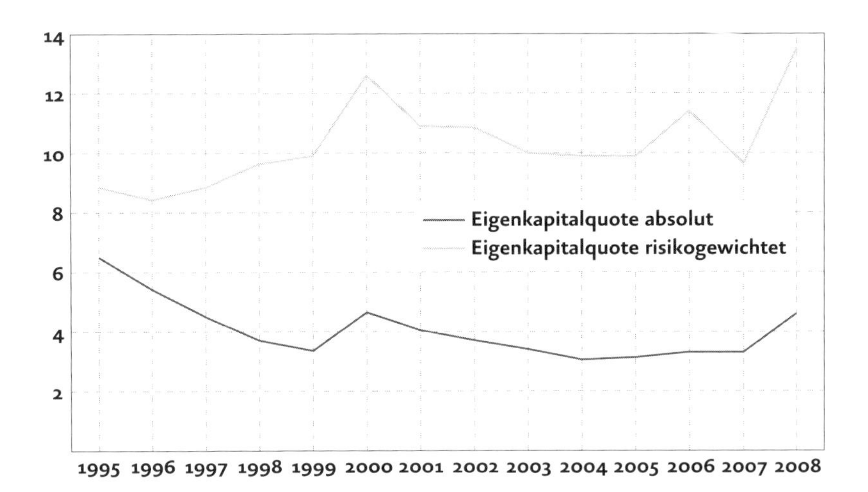

Abbildung 4: Eigenkapitalquote der beiden Schweizer Grossbanken UBS und CS, absolut und risikogewichtet. Angaben in Prozent. Quelle: Borner/Bodmer (2010). Berechnungen auf Basis von Daten der Schweizerischen Nationalbank (SNB).

Abbildung 5 zeigt ganz deutlich den langfristigen Trade-off zwischen staatlicher Regulierung und Selbstverantwortung. Zu Beginn des letzten Jahrhunderts gab es kaum eine Bankenregulierung im heutigen Sinne. Ab und an traten Pleiten oder Runs auf Banken auf. Im Wissen um diese Risiken hielten die Banken aber hohe Eigenkapitalquoten. Je komplexer und stringenter die Regulierung wurde, desto mehr wurden die Lücken ausgereizt, es wurden die Leverages erhöht und der Eigenkapitalanteil gesenkt. Der Schweizer Vorschlag von ungewichteten 5 Prozent Eigenmitteln erscheint in der historischen Perspektive immer noch eher bescheiden. Statt immer mehr Detailregulierungen im Bereich der Geschäftsmodelle und Finanzinstrumente anzuvisieren, würde es genügen, die Eigenmittelquote noch mehr anzuheben und die Risiken bei den Banken zu belassen.

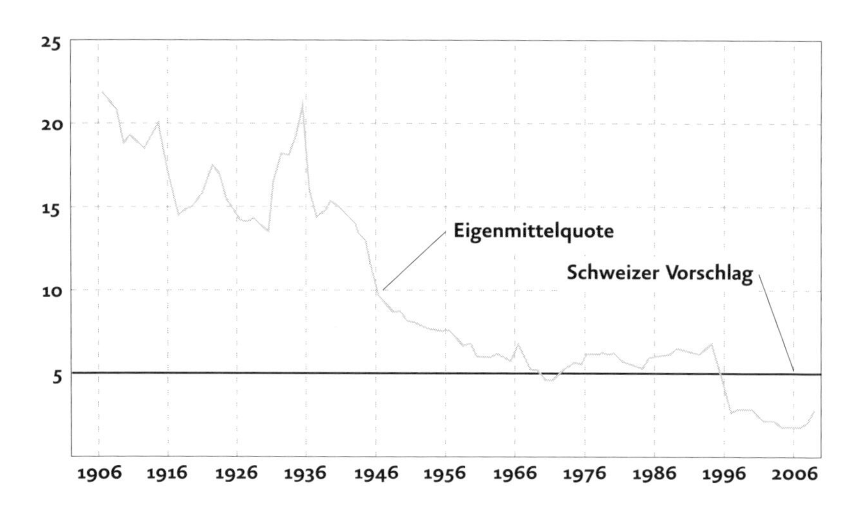

Abbildung 5: Eigenmittelquote der Schweizer Grossbanken als Anteil an der Bilanzsumme und Schweizer Vorschlag. Angaben in Prozent. Quelle: Eigene Darstellung auf Basis von Prof. Thomas Jordan, Präsident der SNB.

Wenn bisher von Regulierungsversagen die Rede war, soll hier kurz von direktem Politikversagen die Rede sein: der Inflation. Dieser geht immer eine unhaltbare Staatsverschuldung voraus. Einer Auslandverschuldung kann man sich entledigen, indem man den Staatsbankrott erklärt und massiv abwertet. Allerdings erleiden die ausländischen Gläubiger dabei riesige pekuniäre Verluste, und der insolvente Staat erfährt einen immensen Prestige- und Reputationsverlust. Ist die Staatsverschuldung hingegen eine Inlandschuld, kann man die Währung entwerten. Damit schafft man jedoch Inflation und enteignet die heimischen Sparer bzw. die Eigentümer der Staatsanleihen sozusagen schleichend. Im Moment scheint eine hohe Inflationsrate noch nicht flächendeckend Fuss fassen zu können, selbst wenn dies von der politischen Führung beispielsweise in Japan explizit angestrebt wird. Dennoch schlägt die Bank für Internationalen Zahlungsausgleich (BIZ) zu Recht Alarm. Die hohe Verschuldung und die sehr lockere Geldpolitik der meisten Industriestaaten sind nicht nachhaltig und müssen aufgegeben werden. Auch die jüngsten

Entscheide des Fed markieren ein mögliches Ende der lockeren Geldpolitik, wohingegen Japan sein «verlorenes Jahrzehnt», das von Deflation geprägt war, mit einer Politik des billigen Geldes wieder aufzuholen versucht. Der Grund für die bislang moderaten Inflationsraten liegt in den rasch wachsenden Produktionskapazitäten bei niedrigen Produktionskosten in Entwicklungs- und Schwellenländern. Im Zuge der Globalisierung haben sich die Angebotskapazitäten dadurch innert kürzester Zeit verdoppelt. Vor diesem realen Hintergrund bewirkt das Quantitative Easing bloss eine finanzielle Repression, welche die nominellen Zinsen gegen null und die realen unter die Nullschwelle treibt, was zu einer indirekten Enteignung der sparenden Bevölkerung führt.

Alle Finanzkrisen sind Ausdruck einer vorangegangenen Überschuldung, sei es der Privaten oder des Staates. Dabei kommt dem Politikversagen bei den staatlichen Schuldenkrisen die zentrale Rolle zu. Bei den Bankenkrisen wirkt Staatsversagen indirekt mit, durch fehlerhafte Investitionsanreize zum einen und ungenügende, aber komplexitätssteigernde Regulierung zum anderen.

Mit der Einführung des Euro hat Europa Strukturen geschaffen, welche die gegenwärtige Krise vertieft haben, weil zwar eine einheitliche Geldpolitik der Eurozone existiert, die Fiskalpolitik jedoch den einzelnen Mitgliedstaaten überlassen bleibt. Den überschuldeten Staaten bleibt so nur die Option einer expansiven Fiskalpolitik, die – wenn überhaupt – nur über Umwege Wachstum durch leichtere Kreditvergabe an Unternehmen generieren kann. Der Widerspruch zwischen zentraler Geld- und dezentraler Fiskalpolitik lässt sich am tragischen Fall Griechenlands lehrbuchartig aufzeigen. War dieses Land vor dem Beitritt zum Euro von politischen Zyklen mit monetärer Expansion, gefolgt von Inflation und Abwertung geprägt, so änderten sich die politischen Rahmenbedingungen mit dem Beitritt zur Währungsunion radikal. Die unterentwickelten nationalen Regelwerke und Institutionen sollten durch die, zumindest auf dem Papier, viel stringenteren Euro-Regeln (Maastricht-Kriterien) ersetzt werden. Die Idee hierbei war, ein System zu schaffen, das nicht die gleichen Fehler ständig wiederholt. Dies kann man durchaus als

Fortschritt interpretieren. Doch wurden die zentralen Regeln, nämlich das Defizit auf maximal 3 Prozent des BIP und die Schulden auf maximal 60 Prozent des BIP zu begrenzen, von Anfang an unterlaufen. Einerseits schönte man die Statistik, um überhaupt die Beitrittsbedingungen zu erfüllen. Zum anderen verschuldete man sich munter weiter, was andere den Griechen aber schwerlich ankreiden konnten, weil selbst Deutschland und Frankreich diese Regeln in der Vergangenheit ohne Konsequenzen verletzt hatten. Sinkende Zinsen zur Refinanzierung des Staates taten ein Übriges, indem sie zusätzliche Anreize zur Mehrverschuldung setzten. Man kann argumentieren, dass nur ein Kapitalmarktversagen diese Verschuldung möglich gemacht hat, indem die Zinsen (Renditen) von griechischen Staatstiteln dramatisch sanken und praktisch das tiefe deutsche Niveau touchierten (vgl. Abbildung 6). Lag die Spanne zwischen den Zinsen 1993 noch bei guten 15 Prozentpunkten, verringerte sie sich kontinuierlich und erreichte ein Minimum von fast null zwischen den Jahren 2003 und 2007. Ab 2008, also dem grossen Ausbruch der Krise, ist ein sprunghafter Anstieg der Zinsen für griechische Titel auf knapp 30 Prozent im Juni 2012 auszumachen, während jene von Bundesschatzbriefen auf 1,3 Prozent sanken. Zwar vermochten die Hilfsmassnahmen im Rahmen des Europäischen Stabilitätsmechanismus (ESM) die Rendite auf heute 12 Prozent zu drücken, dennoch dürfte Griechenland weiterhin Schwierigkeiten mit einer «günstigen» Refinanzierung haben, sofern das Land jemals ohne Treueschwüre der Eurozone auskommen sollte.

Doch war dieses Marktversagen in letzter Konsequenz nicht auch die Folge eines Politikversagens? Dies muss bejaht werden, denn die Marktakteure durften davon ausgehen, dass das Bail-out-Verbot innerhalb der Eurozone unglaubwürdig war und ist. Mit anderen Worten: Es war der Geburtsfehler der Euro-Konstruktion, der zu einem moralischen Risiko, dem sogenannten Moral Hazard führte, an den sich nicht nur die Griechen, sondern auch die Kreditgeber der Griechen angepasst haben.

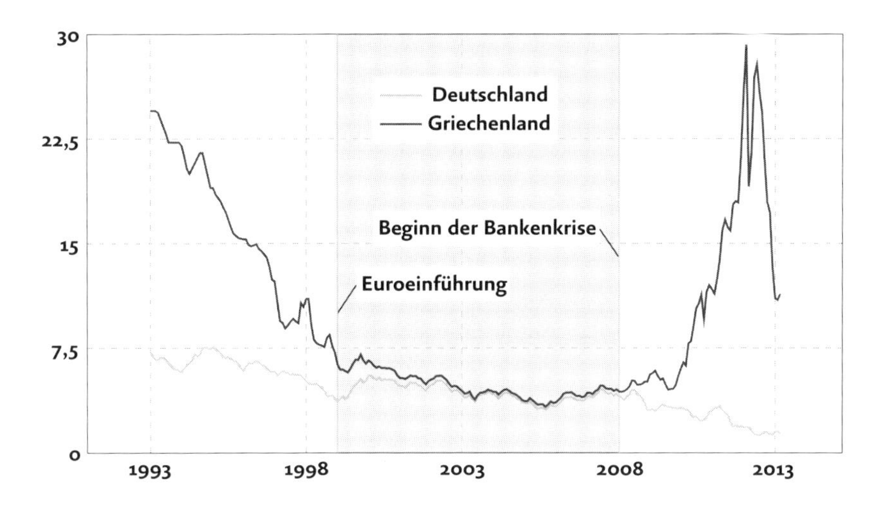

Abbildung 6: Entwicklung der Zinskurven von griechischen und deutschen zehnjährigen Staatsanleihen. Angaben in Prozent. Quelle: EZB.

Der Fokus wird im Folgenden darauf liegen zu erklären, wie es überhaupt zur übermässigen Verschuldung kommt. Dies wiederum bedeutet, dass wir aufzeigen müssen, wer jeweils über die Schuldenentstehung entscheidet und wer die Konsequenzen dieses Entscheidungsprozesses trägt. Dabei unterscheiden wir die Akteure «Haushalt», «Unternehmen», «Gemeinden und Kantone», «souveräne Nationalstaaten» und schliesslich «Euroländer». Die Entscheidungsmechanismen sind je nach Akteur völlig verschieden, ebenso die Risikoverteilung und die Konsequenzen. Die Moral von der Geschichte wird sein, dass insbesondere auf der obersten Staatsebene ein Collective-Action-Problem besteht, welches das Staatsbudget zu einer «Allmend» (Commons) macht. Die Tendenz zur Übernutzung ist somit systemimmanent und wohl der grösste Schwachpunkt der Demokratie aus ökonomischer Sicht. In den Euroländern wurde dieser Allmendcharakter durch den Euro noch auf die Spitze getrieben, indem nun einzelne Länder für die Schulden anderer Länder haften. Eine derartige Kollektivhaftung wird im innerstaatlichen Föderalismus zum Beispiel der USA oder der Schweiz ganz bewusst ausgeschlossen. Die

Schweizer Kantone oder die amerikanischen Bundesstaaten können nicht auf die Hilfe der anderen zählen, und der Bund darf ebenso wenig eingreifen. Wobei der kantonale Finanzausgleich der Schweiz als eine Art Prävention gegen Überschuldung strukturschwacher Kantone wirkt.

3.3 Die Bankenkrise ist nicht Ursache, aber Verstärker und Katalysator der Schuldenkrise

In den vorangegangenen Kapiteln wurden unterschiedliche Formen von Finanzkrisen beschrieben. Auch wenn historisch-empirisch kein fundamentaler Zusammenhang respektive keine Gleichläufigkeit bei den Krisen zu erkennen ist, können sie sich dennoch in gewisser Weise verstärken. Eine Bankenkrise wie jene des Jahres 2008, ausgelöst durch fehlerhafte Regulierung und Moral Hazard der Beteiligten, kann gesamtwirtschaftliche Krisenfolgen haben, die nach einer politischen Lösung z.B. in Form von Verstaatlichungen der Banken oder Stimulierungspaketen für die Realwirtschaft rufen. Während sich die Märkte jedoch nach dem Platzen einer Finanzmarktblase und einer spürbaren Korrektur wieder beruhigen, können die Kollateralschäden einer schnellen und hohen Staatsverschuldung immens sein: Je höher der Schuldenstand vorher schon war und je schneller er zunimmt, desto gravierender sind die negativen Konsequenzen für die Wirtschaft insgesamt.

Die Bankenkrise von 2008 hat zu einem grossen Vertrauensverlust geführt, der viele Facetten hat. Neben der Beziehung zwischen Privatkunde und Bank sowie zwischen den Banken untereinander war auch das Vertrauensverhältnis zwischen Staaten und Banken davon negativ betroffen. Die Vorsicht, mit der in dieser Zeit investiert wurde, gepaart mit der hohen Staatsverschuldung der jetzigen Krisenländer (Portugal, Italien, Irland, Griechenland und Spanien), war in mehrfacher Hinsicht eine ungünstige Konstellation. Zunächst war es für Banken schwierig, einigermassen risikolose Geldanlagen am Markt zu finden, da die Staatsanleihen diverser europäischer Staaten aus dieser Kategorie gewissermassen herausfielen. Das führte zu einem sprunghaften Anstieg der Zinsen für Staatsanleihen der Krisenländer. Die Intervention der Europäischen Zentralbank, die den Hauptrefinanzierungssatz im Mai 2009 auf ein bis dahin historisches Tief von 1 Prozent setzte, um mehr Liquidität zur Verfügung zu stellen, führte jedoch nicht zu dem erwünschten Effekt.[9] Stattdessen flüchteten sich die Kapitalgeber, vornehmlich die Geschäftsbanken, von unsicheren griechischen Staatsanleihen in sichere deutsche Bundesschatzbriefe. Die Refinanzierung Griechenlands mit günstigen Krediten konnte also nicht sichergestellt werden. Analoges gilt für die anderen drei der sogenannten PIGS-Staaten, also Portugal, Irland und Spanien. Wie Abbildung 7 zeigt, hatten diese Staaten im Zeitraum von 2008 bis 2013 einen teils extremen Anstieg der Zinsen bei Zehnjahresanleihen gegenüber der Zeitspanne von 2003 bis 2007 hinzunehmen.

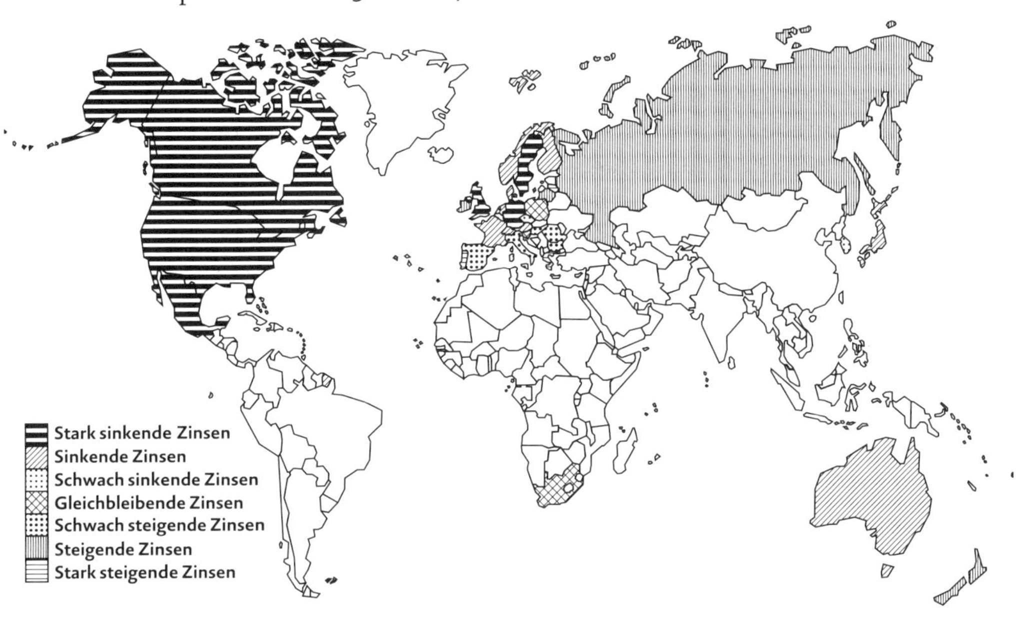

Abbildung 7: Veränderung der durchschnittlichen Zinssätze für zehnjährige Staatsanleihen vor (2003–2007) und während der Krise (2008–2013). Quelle: Eigene Berechnungen und Darstellung auf Basis von Daten des Internationalen Währungsfonds (IMF), der EZB sowie der Norges Bank und der Reserve Bank of New Zealand.

Ihre Bonität verschlechterte sich rapide, was andere europäische Staaten wie beispielsweise Schweden, Deutschland und auch die Schweiz absolut wie auch relativ attraktiver machte, sodass in diesen Ländern die Zinsen stark sanken. Überraschenderweise kann auch für die USA ein solcher Effekt festgestellt werden, wobei dies vor allem für die letzten beiden Jahre zutrifft. Grund dafür ist die expansive Fiskalpolitik der USA im Vergleich zur (relativen) Austerität Europas. Sowohl Mittel- als auch Nordeuropa haben hinsichtlich ihrer Refinanzierungsmöglichkeiten von der Krise der letzten fünf Jahre gegenüber der Vorperiode profitiert, während sich für die Staaten in Südeuropa das Refinanzierungsproblem verschärfte. Wenn die Unsicherheit gross und ansteigend ist, werden sich Anleger auf Papiere beschränken, die eine relativ sichere, wenn auch bescheidene Rendite versprechen. So hat die Banken- und die dadurch ausgelöste Vertrauenskrise in eine Liquiditätskrise für besonders hoch verschuldete oder schrumpfende Volkswirtschaften geführt. Dieses angebliche Marktversagen wird letztlich durch ein vorgelagertes Staatsversagen getrieben, das kausal bedeutsamer ist und vor allem die globale Ansteckungsgefahr von Bankenkrisen erklärt. Als in der Folge der Bankenkrise 2008 auch die Realwirtschaft immer stärker durch Refinanzierungs- und Liquiditätsengpässe betroffen war und der Konsum auf sämtlichen Wirtschaftsebenen zurückging, reagierten die Regierungen weltweit mit höheren Staatsausgaben. Folgt man der keynesianischen Theorie, sollen diese Mehrausgaben eine Art Multiplikatoreffekt erzeugen. Dahinter steckt die Idee, dass der einmal ausgegebene Franken des Staates die gesamte Wirtschaft stimuliert, indem er nicht nur direkt die (staatliche) Nachfrage erhöht, sondern auch den Konsum ankurbelt. Wir wollen nicht von den vielfältigen methodischen Problemen sprechen, die auftreten, wenn man versucht, einen solchen Multiplikatoreffekt nachzuweisen oder gar seine Höhe zu messen. Vielmehr geht es darum aufzuzeigen, dass die gewünschte Wirkung der Wirtschaftsstimulation – wenn überhaupt spürbar – nur von äusserst begrenzter Dauer gewesen ist. Umso höher ist jedoch die Quittung dafür. Denn während die schrumpfende Wirtschaftsleistung auch die Steuereinnahmen senkte, führten gleichzeitig steigende Staatsausgaben zu einem extrem rasanten Wachstum der Staatsverschuldung, insbesondere in jenen Ländern, die keine Schuldenbremse implementiert haben. Wir folgern also, dass die Ansteckungswirkung der Bankenkrise auf die Schuldenkrise der Staaten eine Folge und ein Zusammenspiel von Markt- und Staatsversagen sind. Zudem hat das Marktversagen an den Finanzmärkten in diesem Fall die durch Politikversagen verursachte Schuldenkrise noch weiter verschärft.

Nach der eingangs erläuterten Definition einer Bankenkrise ist diese heute – zumindest vorläufig – ausgestanden. Doch auf nationalstaatlicher Ebene wirken die Folgen dieser Krise bis heute nach. Und das, obwohl der Wertpapiermarkt Mitte bis Ende 2013 neue Allzeithöchststände erreicht hat.

Eines scheint somit klar: Langfristig ist solides Finanzgebaren (Sound Finance) mit den Zielen Budgetausgleich und Schuldenabbau der einzige Weg, der aus der Schuldenkrise heraus auf einen nachhaltigen Wachstumspfad führt. Defizitfinanzierte und schuldensteigernde Konjunkturstimuli sind bestenfalls kurzfristige Strohfeuer, die neue Anfälligkeiten gegenüber Bankenkrisen generieren. Die USA mit einer immerwährenden expansiven Geld- und Fiskalpolitik werden aller Voraussicht nach wenig resistent sein für zukünftige Finanzkrisen. Auch wenn es ihnen gelingen mag, den Anschein von Vertrauenswürdigkeit kurzfristig aufrechtzuerhalten, können systematisch überhöhte Staatsausgaben kein langfristiges Konzept sein. Die «Beinahepleite» der Vereinigten Staaten im Oktober 2013 zeigt überdies, welches innenpolitische Druckmittel durch überhöhte Staatsschulden entstehen kann. So kann eine gefährlich hohe Verschuldung auch politische Themen, in diesem Fall die Einführung eines Gesetzes, das den Zugang zum Krankenversicherungsmarkt regelt («Obamacare»), in grossem Masse betreffen. Von den Marktunsicherheiten auf internationaler Ebene ganz zu schweigen.

4 Bremsen und Strafen privater Überschuldung

4.1 Möglichkeiten und Gründe der Verschuldung privater Haushalte

Man kann private Haushalte als Einheit betrachten, weil auch in Mehrpersonenhaushalten die wichtigen Entscheidungen gemeinsam getroffen werden. Es ist deshalb sinnvoll, von einem repräsentativen Haushalt auszugehen, um das Verhalten des guten Hausvaters bzw. der guten Hausmutter zu begründen (Principle of Sound Finance). Der Haushalt erzielt laufend Einnahmen und bestreitet daraus die anfallenden Ausgaben und/oder finanziert Investitionen, z.B. in die eigene Wohnung, in dauerhafte Konsumgüter, in die Ausbildung der Kinder oder die Gründung eines eigenen Geschäfts. Definitionsgemäss ist seine Cashflow-Rechnung immer ausgeglichen. Man kann nicht mehr ausgeben als man einnimmt. Aber jetzt kommt der Knackpunkt. Der Haushalt kann natürlich auch Geld leihen und sich verschulden, um laufende Ausgaben oder Investitionen zu finanzieren. Dies ist durchaus keine Frage der Moral, sondern der ökonomischen Rationalität, wie bereits eingangs erörtert. Wir alle durchlaufen einen Lebenszyklus. Als Kinder müssen wir von den Eltern finanziell getragen werden. Als junge Erwachsene lassen wir uns ausbilden, was direkte Kosten verursacht und hohe Opportunitätskosten (entgangenes Einkommen) bedeutet. In den frühen Phasen des Erwerbslebens verdienen wir meist noch nicht sehr viel, gründen aber eine Familie und haben hohe Ausgaben. Später machen wir Karriere und die Kinder fliegen aus, sodass sich die Finanzlage schnell und nachhaltig bessert. Nach der Pensionierung geht das Einkommen wieder zurück, aber auch die Ausgaben schrumpfen, zumindest bis zu einem allfälligen Pflegebedarf.

Es ist ganz vernünftig, die Einnahmen und Ausgaben über den Lebenszyklus auszugleichen oder ein bestimmtes Endvermögen anzuvisieren, das wir den Nachkommen hinterlassen möchten. Daraus folgt, dass Schuldenmachen sowohl in der Ausbildungsphase wie auch in der Jungfamilienphase sinnvoll ist.

Nur sollte man dann so ab Mitte vierzig bis zum 66. oder 70. Altersjahr kräftige Überschüsse anhäufen, um die alten Schulden abzutragen und die Vorsorge für die Altersphase zu treffen. Aufgrund zahlreicher Unwägbarkeiten ist dies jedoch leichter gesagt als getan. Wie sieht meine Karriere aus? Wie viele Kinder werde ich betreuen dürfen? Gibt es irgendwann etwas zu erben? Kommt eine Scheidung dazwischen oder andere finanziell schwere Schicksalsschläge? Nun, all das muss irgendwie in meiner Budgetgleichung berücksichtigt werden. Viele Risiken können durch Versicherungen abgedeckt, andere durch Reservebildung abgesichert werden. Die meisten Haushalte schaffen es ganz gut, mit der unvermeidlichen Budgetrestriktion zurechtzukommen. Die grosse Mehrheit budgetiert sogar eher vorsichtig, sodass das Jahresendergebnis meist besser ausfällt als das Budget – dies im krassen Gegensatz zum Staat (mehr darüber später).

Zu den laufenden Ausgaben kommen die Investitionen, beispielsweise in die Humankapitalbildung, in Wohneigentum oder in eine selbstständige Erwerbstätigkeit hinzu. Hier bietet es sich an, einen Kredit bei einer Bank aufzunehmen, die jedoch als Sicherheit z.B. eine Hypothek oder eine Zession künftiger Geschäftseinnahmen verlangt. Beim Humankapital kann dies bereits problematisch sein, denn wo ist hier die Sicherheit? Aus diesem Grunde habe ich zum Erwerb meines Doktorats nicht bei einer Bank einen Kredit aufgenommen, sondern bei der Mutter, der ich dann zwanzig Jahre später alles vollständig zurückgezahlt hatte. In den USA ist dies anders. Die meisten Absolventen von teuren Privatuniversitäten treten mit hohen Studienschulden ins Erwerbsleben ein. Dieses Beispiel macht die zentrale Rolle des Zinses bzw. des Return on Investment (ROI) deutlich. Solange der Return meiner Investitionen in Human- oder Sachkapital höher ist als der Schuldzins, ist die Verschuldung kein Problem: Der Wert meiner Vermögensanlagen (Fähigkeiten) ist grösser als jener der Schuld (z.B. Studienkredit). Und der Kapitalwert ist nichts anderes als die Kapitalisierung des Ertrags auf dem Kapital. Beim Humankapital gibt es wohl einen Markt für den Einsatz des Kapitals, nicht aber für das Kapital selbst. Ich hätte mein Fähigkeitskapital nicht direkt an eine Bank verkaufen können, aber meine intellektuellen Fähigkeiten als Angestellter schon. Bei Sachinvestitionen aber, selbst bei Finanzinvestitionen des Haushalts, habe ich immer beide Optionen. Ich kann meine Eigentumswohnung entweder vermieten oder verkaufen. Wenn der Nettomietertrag höher ist als der Hypothekarzins plus Unterhalt plus Opportunitätskosten des Eigenkapitals, kann ich periodisch einen Gewinn aus dieser Investition verbuchen. Ich bin gewissermassen ein Wohnungsvermieter-Unternehmer geworden. Eine derart profitable Wohnung im Sinne einer Anlage könnte aber auch mit grossem Kapitalgewinn einmalig realisiert werden. Also kann ich immer entweder einen laufenden Profit aus der Investition herausschlagen oder das entsprechende Asset verkaufen. Das ist so bei allen selbstständig Erwerbenden mit eigenen Geschäften – von der Arztpraxis über die Bäckerei bis hin zum Bordell. Diese Betrachtungsweise macht auch klar, weshalb die künstliche Berechnung eines Eigenmietwerts für die selbst bewohnte Eigentumsliegenschaft sinnvoll ist. Die Wohnung ist vermietbar auf einem ziemlich effizienten Markt und hat somit ein Ertrags- und Wertsteigerungspotenzial wie andere Kapitalanlagen auch. Hingegen geben Kleider, Schuhe, Fernseher und in abgeschwächter Form auch Bilder oder Schmuck wohl einen langfristigen Konsumnutzen ab, haben aber kein entsprechendes Ertragspotenzial.

Analoges gilt für die Finanzanlage des Haushalts. Die Ersparnisse können Ertrag bringend angelegt werden, wobei ein hoher erwarteter Ertrag auch mit einem hohen Verlustrisiko verbunden ist. Die Verschuldung ist hier nicht a priori irrational oder unmoralisch, doch sie sollte risikogerecht erfolgen, um der Risikofähigkeit des Haushalts Rechnung zu tragen. Bei den momentanen rekordtiefen Hypozinsen kann es verlockend sein, die Hypothek total auszureizen und das Geld in Aktien oder neue Liegenschaften zu investieren, die eine höhere Rendite abwerfen. Aber was geschieht bei einem Wertzerfall der Anlagen oder einer Erhöhung der Hypothekarzinsen oder anderer Schuldzinsen? Die Risiken bei Hypozinsen sind im Normalfall, also bei vorsichtigen Belehnungsgrenzen bzw. Eigenkapitalanforderungen einerseits und vernünftigen Einkommensprognosen andererseits nicht so gravierend. Sie werden deshalb in der offiziellen Schuldenstatistik der schweizerischen Privathaushalte separat ausgewiesen. Aber Achtung: Spekulative Blasen sind hier gar nicht so selten und haben schwerste Konsequenzen (siehe USA, Spanien und Irland).

Wenn Vermögenswerte stark steigen, kann das verschiedene Gründe haben: Die Einwanderung kaufkräftiger Deutscher, wenn es um den Markt für Liegenschaften geht; eine konjunkturelle Erholung; eine gute Wachstumsprognose für Unternehmen auf einem spezifischen Markt oder eine Zunahme des Goldpreises, wegen der wachsenden Unsicherheit über die Zukunft des Finanzsystems in den USA und in Europa. Ob etwas eine spekulative Blase oder eine ökonomisch begründete Wertsteigerung ist, kann allenfalls im Nachhinein sicher diagnostiziert werden. Ein Warnsignal gibt es allerdings: die Leverage Ratio respektive der Grad der Verschuldung der Haushalte in Relation zu den erworbenen Finanz- oder Realanlagevermögen. Je höher die Hebelwirkung, desto grösser der Gewinn, wenn die Werte weiter steigen. Doch auch das Risiko wächst mit. Und früher oder später wird ein Punkt erreicht, bei dem vielleicht schon die Verlangsamung, aber sicher der Stillstand der Wertsteigerung die Blase platzen lässt. Plötzlich verlangen die Kreditgeber Nachschüsse von Eigenmitteln oder verscherbeln die Sicherheiten, was einen Crash verursacht. Spekulative Blasen, die durch übermässige Verschuldung der Privathaushalte zur Explosion gebracht werden, sind dann ein gesamtwirtschaftliches Problem, wenn die dadurch ausgelöste Finanzkrise das Bankensystem als Ganzes zum Einsturz zu bringen droht und/oder wenn eine Rezession ausgelöst wird, weil die Haushalte plötzlich ihre laufenden Ausgaben drastisch drosseln müssen.

Der Liegenschaftskollaps in der Schweiz Anfang der 1990er-Jahre lief glimpflich ab, weil die Banken ihre Verluste damals noch leidlich absorbieren konnten. Auch wenn die Wachstumsschwäche der 1990er-Jahre teilweise mit dieser Krise in Zusammenhang stand. Ganz anders der Housing Crash der USA. Wie Abbildung 8 zeigt, fluktuierte das Reinvermögen der US-Haushalte in Prozenten des BIP von 1952 bis in die frühen 1990er-Jahre hinein um Werte zwischen 300 und 350 Prozent.

Infolge des Clinton-Booms ab 1995 kam es zu einem raschen Anstieg bis ins Jahr 2000. Die Blase der New Economy, auch «Dotcom-Blase» genannt, beendete das jähe Wachstum jedoch nur kurzfristig. Bereits zu Beginn des Jahres 2003 stieg der Anteil des Reinvermögens wieder an und erreichte 2007 mit über 475 Prozent einen historischen Rekordwert. Da zum Reinvermögen neben Finanzanlagen wie etwa Aktien, Anleihen und Pensionsrückstellungen auch das Nettoimmobilienvermögen gehört, ist der alsbaldige, steile Abfall auf knapp über 350 Prozent und damit auf das Niveau von 1995 zum Teil erklärt. Ein weiterer Aspekt ist hierbei das schrumpfende BIP der USA in dieser Zeitperiode, das die Rasanz des Absturzes zusätzlich befeuerte. Im Gegensatz zu den schweizerischen Hausbesitzern wurde in dieser Zeitperiode in den USA häufig ohne den Einsatz von Eigenkapital gebaut bzw. ein Eigenheim erworben. Die Hebelwirkung war entsprechend hoch. Ein steigendes Reinvermögen der US-Haushalte als Anteil am (konstanten) BIP ist unter anderem die Folge steigender Häuserpreise, die Hypothek kann also teilweise durch das eigene Einkommen und zum Teil durch den Wertzuwachs der Immobilie getilgt werden. Was aber, wenn das ökonomische Klima rauer wird? Zum einen werden Erwerbseinkommen und damit die Tilgung der monatlichen Raten unsicherer, zum anderen kann es zu einem verlangsamten Wertzuwachs und im schlimmsten Fall sogar zu einem Wertzerfall der Immobilien kommen. In einem illiquiden Markt, in dem es vielen anderen Menschen genauso geht wie mir, kann ich so schnell in finanzielle Not kommen. Wie später eingehender besprochen werden wird, stellt dies kein Problem dar, wenn es nur Einzelne betrifft.

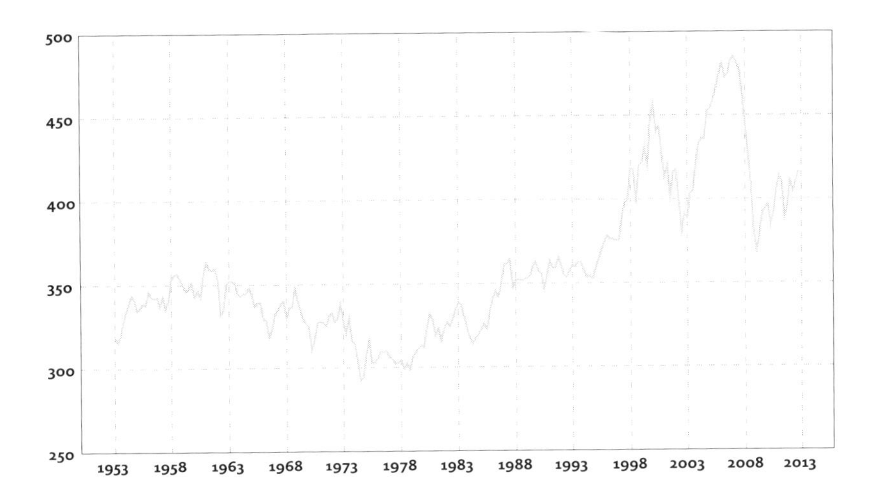

Abbildung 8: Entwicklung des Reinvermögens der US-Haushalte als Anteil am BIP. Angaben in Prozent. Quelle: Eigene Darstellung auf Basis von Zahlen des Federal Reserve Flow of Funds Report (FED).

Abgesehen von spekulativen Blasen bei Finanzaktiven oder Liegenschaften ist die private Haushaltsverschuldung kein grosses oder systemrelevantes Problem. Dies deshalb, weil die Konsequenzen von Fehlentscheidungen oder Fehleinschätzungen von denen getragen werden, die den Kredit genommen bzw. gegeben haben. «Choice» und «Consequences» sind kongruent. Der überschuldete Haushalt wird bankrott, d. h. geht in Privatkonkurs. Die Kreditgeber verwerten alle Sicherheiten und schreiben einen Verlust, den sie aber selbst tragen müssen. Normalerweise ist das auch nicht weiter tragisch, weil Banken viele Kredite vergeben und mit einigen Konkursen schon ex ante rechnen, folglich also das Risiko diversifiziert ist. Zudem haben sie einen Anreiz, die Kreditnehmer hinsichtlich ihrer Bonität genau zu überprüfen und die Situation laufend zu überwachen. Wer also zu Schaden kommt, sind letztlich die Aktionäre der Kredit gebenden Bank und die Bankrotteure selbst. Letztere scheinen a prima vista relativ gut davonzukommen, weil man ihnen ja nicht alles wegnehmen kann und sie die Schuldenlast mehr oder weniger ein für alle Mal abladen können. Mittelfristig sind die Kosten jedoch beträchtlich, weil die Reputation als Kreditnehmer im Eimer ist. Allein schon die Einleitung eines Betreibungsverfahrens schreckt Kreditgeber ab. Mit der Kreditwürdigkeit ist es ähnlich wie mit der Keuschheit: Man verliert sie schnell und permanent.

Wir halten also fest: In einer Marktwirtschaft mit voll ausgebauten Finanzmärkten gibt es viele gute Gründe für Haushalte, sich vorübergehend oder dauerhaft zu verschulden. Analog gibt es auch viele Möglichkeiten der Kreditaufnahme, angefangen bei Kreditkarten, Leasingverträgen z.B. für Autos, Hypokrediten oder Bankkrediten gegen Verpfändung von Wertschriften usw. Die meisten Haushalte werden von dieser Verschuldung längerfristig profitieren, weil der Ertrag ihrer Investitionen die Schuldzinsen übersteigt und ihre realen Anlagen im Wert steigen, während die Schulden nominell eingefroren bleiben. Einzelne aber werden scheitern, weil sie zu risikofreudig waren, aber auch weil sie einfach Pech hatten. Ein aktuelles Beispiel stellen osteuropäische Kreditnehmer (vorwiegend Ungarn) dar, die sich aufgrund vergleichsweise hoher Inlandszinsen statt in der nationalen Währung (Forint) in Auslandswährung, insbesondere in Schweizer Franken verschuldet haben. Nach Angaben der dortigen Regierung gibt es allein in Ungarn rund eine Million solcher Verträge zur Finanzierung des Eigenheims. Ein grosser Teil davon wurde zwischen 2006 und 2009 abgeschlossen. Für Hypothekenkredite in Forint wurden damals üblicherweise bis zu 10 Prozent Zinsen verlangt, für jene in Schweizer Franken hingegen lediglich 3 Prozent, weshalb viele Institute ihren Kunden einen solchen Kredit in Fremdwährung empfahlen. Als die Unsicherheit bezüglich der europäischen Gemeinschaftswährung dann erheblich stieg, flüchteten sich viele institutionelle Investoren und Privatanleger in den Schweizer Franken, der in der Folge dramatisch aufwertete (alleine seit 2008 um knapp 50 Prozent). Als unmittelbare Konsequenz explodierten die Tilgungsraten der ungarischen Schuldner, die ihr Einkommen ja in Forint beziehen und daher nicht gegen Währungsschwankungen dieser Art abgesichert waren. Ende Mai 2012 waren dann die Besitzer von mehr als 100 000 Wohnungen mit ihren Ratenzahlungen derart in Verzug, dass die Banken

Zwangsvollstreckung forderten. Dies macht deutlich, dass Kreditgeber und Kreditnehmer die Konsequenzen der Fehler oder einer Fehlbeurteilung selbst tragen müssen. Man erkennt ausserdem, worin die Too-big-to-fail-Problematik besteht: Wenn plötzlich fast alle Hausbesitzer in Konkurs gehen, droht dies, einen Bankenkollaps zu erzeugen, der das gesamte Kredit- und Zahlungssystem über den Haufen werfen könnte. Wenn dann der Staat eingreifen muss – oder auch nur meint, eingreifen zu müssen –, kommt plötzlich der Steuerzahler zum Zug.

Die Moral von der Geschichte ist einfach: Die Haushalte sind finanziell ziemlich vorsichtig und konservativ. Das Gleiche gilt verstärkt für nicht erwerbs- und gewinnorientierte Organisationen wie Vereine oder Clubs. Diese erstellen ex ante ein Budget, das aus den Beiträgen der Mitglieder zu finanzieren ist. Wird das Budget überzogen, werden die Vereinsoberen rasch abberufen und ersetzt. Wir alle sind in x Vereinen und können dort leicht beobachten, wie vorsichtig budgetiert wird, sodass – im krassen Gegensatz zum Staat – allfällige Budgetierungsfehler in der Regel zu nicht budgetierten, aber auch nicht gänzlich unerwarteten Überschüssen führen. Zudem ist die Verschuldungsmöglichkeit von Kegel- oder Jassclubs, Service-Clubs usw. beschränkt, weshalb sie in aller Regel eine Cash-Reserve halten. Dies zeigt sich auch in den Daten. Gerade in der Schweiz haben Haushalte abgesehen von den Hypotheken auf der Erstwohnung wenig bis gar keine Schulden und weisen ziemlich gesunde Bilanzen auf; nicht zuletzt auch dank der relativen Preis- und Finanzstabilität in der Schweiz über mehr als hundert Jahre hinweg. Mit Moral hat das weniger zu tun als mit Anreizen. Wer schlechte Entscheide fällt, wird sofort und scharf bestraft: mit Bankrott. Und dieser bleibt im Normalfall ohne grosse volkswirtschaftliche Konsequenzen. Die realen Werte sind ja vorhanden, sie wechseln nur die Eigentümer. Und die faulen Kredite verschwinden lediglich aus den Bilanzen, wo sie hoffentlich aus Risikozuschlägen der erfolgreichen Investoren längst abgeschrieben waren.

Wem das alles sehr simpel und klar erscheint, wird sich dann doppelt wundern, wenn wir die Staatsschulden analysieren. Denn dort sind die reinen Finanzmechanismen dieselben. Mehr ausgeben als einnehmen heisst: sich verschulden. Aber darüber entscheiden wir im Falle der Staatsschulden kollektiv und verteilen dabei die Konsequenz auch noch intragenerativ und intergenerativ zwischen den Steuerzahlern von heute und morgen auf.

4.2 Verschuldungssituation der Haushalte im internationalen Vergleich

Die Schweizer verhalten sich bei der Kreditaufnahme eher vorsichtig. Wenn wir von den Hypotheken für den Hauptwohnsitz absehen, besitzt nur ein Fünftel der Bevölkerung einen laufenden Kredit. Die Hypozinsen für diese Erstwohnung entsprechen den Mietzinsen der Mieter und werden deshalb in der Schuldenquote separat ausgewiesen. Schwerer wiegen Hypotheken für Zeitwohnsitze, Konsumkredite, Darlehen und Verbindlichkeiten im Zusammenhang mit dem Schritt in die Selbstständigkeit. Nur gerade 14,1 Prozent der Haushalte in der Schweiz haben einen Konsumkredit aufgenommen und bei der Hälfte der Haushalte liegt die Schuld bei unter 10 000 Franken. Im internationalen Vergleich weist die Schweiz einen niedrigen Anteil von Personen mit Kredit- oder Darlehensverbindlichkeiten auf und unterscheidet sich damit nicht wesentlich von den Nachbarn Österreich oder Italien. In Frankreich ist der Anteil mit über 40 Prozent wesentlich höher. Erstaunlicherweise ist die Privatverschuldung in Ländern mit sehr hoher Staatsverschuldung sogar unterdurchschnittlich. In Portugal und Griechenland beispielsweise liegt sie bei knapp über 20 Prozent und in Italien ist sie sogar leicht tiefer als der schweizerische Wert. Hohe Staatsschulden von heute sind Steuern von morgen und übermorgen, was schon David Ricardo vor langer Zeit erkannt hat. Dies zwingt die Einwohner dieser Staaten zur Vorsicht.

Abbildung 9 (gegenüberliegende Seite): Schuldenquoten der Privathaushalte und der privaten Organisationen ohne Erwerbszweck (POoE) gemessen am verfügbaren Einkommen, des Staates gemessen am BIP und der Volkswirtschaft insgesamt ebenfalls gemessen am BIP in Prozent für ausgewählte Länder. Quelle: OECD und IMF.

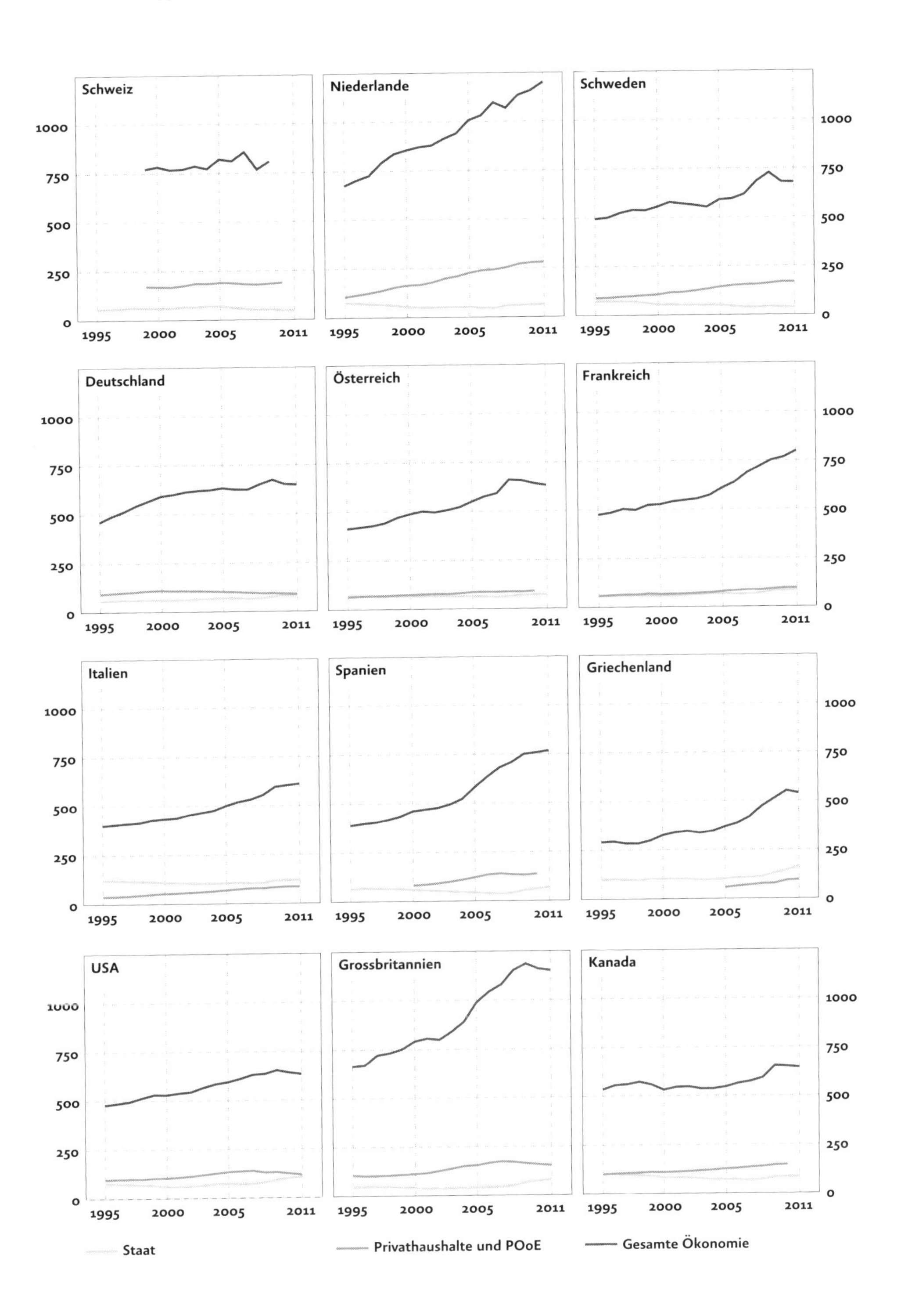
Schweiz
Niederlande
Schweden
Deutschland
Österreich
Frankreich
Italien
Spanien
Griechenland
USA
Grossbritannien
Kanada
0
250
500
750
1000
1995
2000
2005
2011
Staat
Privathaushalte und POoE
Gesamte Ökonomie

Dies gilt umgekehrt ebenso, wie Abbildung 9 zeigt: Sie gibt die Verschuldungsquoten ausgewählter Länder für die Einheiten Privathaushalte und private Organisationen ohne Erwerbscharakter (POoE), den Staat und die gesamte Volkswirtschaft an. Dabei ist ersichtlich, dass Länder mit einer relativ geringen Staatsschuldenquote am BIP tendenziell eine höhere Verschuldung der Privathaushalte und der POoE an ihrem verfügbaren Einkommen aufweisen. Neben der Schweiz betrifft dies auch die Niederlande und Schweden. Während die Staatsschuldenquoten hier bei knapp unter 40 bis 60 Prozent liegen, bewegen sich die Verschuldungsgrade der Haushalte und der POoE bei etwa 170 Prozent (Schweden), 190 Prozent (Schweiz) und 280 Prozent (Niederlande). Nicht ganz so extrem sind diese Unterschiede in den Ländern Deutschland, Frankreich und Österreich, in denen sich sowohl die Staatsschuldenquote als auch die Schulden der Haushalte und der POoE unter 100 Prozent, jedoch gesamtheitlich über 80 Prozent der jeweiligen Basiskennzahl befinden. Die südeuropäischen Krisenländer Italien, Spanien und Griechenland weisen auch gewisse Parallelitäten in den Schuldenstrukturen auf.

Dass die Staatsverschuldung in Italien traditionsgemäss hoch ist (120 Prozent im Jahr 2011) und jene Griechenlands von 100 Prozent in den vergangenen Jahren der Krise noch einmal ordentlich zugelegt hat (165 Prozent im Jahr 2011), sind allgemein bekannte Fakten. Spaniens niedrige Verschuldung von 36 Prozent im Jahr 2007 (also kurz vor der Krise) und die rasante Verdopplung auf heute knapp 70 Prozent dürfte schon eher erstaunen. Überraschend erscheinen auch die Verschuldungsquoten der Haushalte und der POoE. Diese liegen für Italien bei zuletzt 85 Prozent, in Spanien bei 137 Prozent und in Griechenland bei 95 Prozent am verfügbaren Einkommen. Auch hier zeigt sich also der inverse Zusammenhang zwischen der Verschuldungsquote der Staaten und derjenigen der Haushalte. Die Verschuldung der gesamten Volkswirtschaft liegt bei 550 bis knapp unter 800 Prozent am BIP, was durchaus vergleichbar ist mit anderen Ländern. Auch die angloamerikanischen Länder USA und Kanada sowie Grossbritannien weisen Staatsschuldenquoten zwischen 80 bis etwas über 100 Prozent am BIP auf. Gleichzeitig befinden sich die Schuldenquoten der Haushalte und POoE auf einem hohen Niveau von 140 bis 160 Prozent. Im Falle der Schweiz dürfte ein Grossteil der Schulden der Privathaushalte auf die laufenden Hypotheken entfallen, die aufgrund der zuletzt stark gestiegenen Immobilienpreise für Neukredite von durchaus signifikanter Höhe sein dürften.

Die Schweizer Haushalte sind somit in der überwiegenden Zahl sehr konservativ sowohl bezüglich Verschuldung (ausser Ersthypotheken auf dem Erstwohnsitz) wie auch in Bezug auf das Risiko, in finanzielle Schwierigkeiten zu geraten. Erstaunlich ist auch das hohe Vertrauen in Verwandte und Freunde, die bei unerwarteten Engpässen einspringen würden. Im offiziellen Bericht des Bundesamts für Statistik[10] steht am Schluss wörtlich: «Auffallend ist, dass die Selbstbeschränkung aufgrund zukünftig erwarteter finanzieller Schwierigkeiten im Falle einer Kreditaufnahme verbreiteter ist als die Kreditverweigerung durch eine Bank oder ein Kreditinstitut.» Die Schweizer Haushalte verschreiben sich also zu über 90 Prozent einer soliden, vorsichtigen, zurückhaltenden Verschuldungspolitik. Gemessen am Zahlungsrückstand sind aber Haushalte in Frankreich, Italien, Spanien oder Portugal sogar noch konservativer.

Noch aufschlussreicher ist der internationale Vergleich zwischen dem Haushaltsvermögen und den Haushaltsschulden (Reinvermögen) als Anteile am verfügbaren Haushaltseinkommen (vgl. Tabelle 2). In den europäischen Staatsschuldenländern Frankreich beträgt diese Relation zwischen Nettovermögen und verfügbarem Einkommen 809 Prozent, in Italien gar 853 Prozent, während sie in den USA bei 525 Prozent liegt.

Italien (2011)	852,8
Grossbritannien (2010)	825,6
Frankreich (2011)	809,2
Japan (2011)	765,9
Schweiz (2011)	**748,1**
Deutschland (2011)	627,0
Kanada (2011)	579,5
USA (2011)	524,8

Tabelle 2: Reinvermögen in Prozent des nominal verfügbaren Einkommens in ausgewählten Ländern. Quelle: OECD und eigene Berechnungen (Schweiz) auf Basis SNB und Bundesamt für Statistik (BFS).

Wenn wir die reiche Schweiz aus der Perspektive des Vermögens von privaten Haushalten und Organisationen ohne Erwerbscharakter betrachten, tritt absolut Erstaunliches zutage:

Forderungen (total)	1981.5	Verpflichtungen (total)	706
Immobilien	1546.8	Reinvermögen	2822.3
Bruttovermögen	3528.3		3528.3
Ansprüche gegenüber Versicherungen und Pensionskassen	837.8	Kredite	
Einlagen und Bargeld	630.6	Hypotheken	657.1
Aktien	213.8	Konsumkredite (inkl. Leasing)	15.6
Schuldtitel	108.2	Übrige Kredite	32.5
Anteile an kollektiven Kapitalanlagen	166.7		
Strukturierte Produkte	24.3	Sonstige Verpflichtungen	0.8

Tabelle 3: Vermögensbilanz der privaten Haushalte der Schweiz in 2011. Angaben in Milliarden Franken. Quelle: SNB.

Das Bruttovermögen erreichte im Jahr 2011 über 3500 Milliarden Franken und somit beinahe das 9,5-Fache des gesamten verfügbaren Einkommens. Die grössten Posten sind Immobilien (1547 Mrd. Fr.) gefolgt von Ansprüchen gegenüber Versicherungen und Pensionskassen (840 Mrd. Fr.), Einlagen und Bargeld (631 Mrd. Fr.), Aktien (214 Mrd. Fr.), Schuldtitel (108 Mrd. Fr.) und Anteile an kollektiven Kapitalanlagen (167 Mrd. Fr.).

Die Verpflichtungen des Haushaltssektors betragen mit 706 Milliarden Franken gerade ein Fünftel des Bruttovermögens. Ins Gewicht fallen vor allem die Hypotheken mit gut 660 Milliarden Franken. Die restlichen Verpflichtungen verteilen sich auf Konsum- und übrige Kredite, betragen aber weniger als 50 Milliarden Franken. Somit verbleibt im schweizerischen Haushaltssektor ein Nettovermögen von 2822 Milliarden Franken, was in etwa dem 4,5-Fachen des BIP entspricht. Der Schweizer Staat insgesamt (also Bund, Kantone und Gemeinden) hatte demgegenüber ein Schuldentotal von knapp 210 Milliarden Franken oder 33 Prozent des Bruttoinlandsprodukts. Auch der Staat hat auf der Gegenseite der Bilanz Assets in Form von Ländereien, Unternehmen im Staatsbesitz, Infrastruktur usw. Doch für diese Assets gibt es nur wenige Märkte, auf denen die Vermögenswerte zu Geld gemacht werden könnten, um damit Schulden zu tilgen. Der Haushaltssektor als Ganzes könnte sein Nettovermögen zwar auch nicht verwerten, einzelne Haushalte hingegen können jederzeit Teile ihrer Vermögensanlage oder die gesamte Anlage an andere Haushalte verkaufen. Dies ist ein weiterer wichtiger Unterschied zwischen dem öffentlichen und dem privaten Sektor. In früheren Zeiten haben zum Beispiel die Vereinigten Staaten ganz Louisiana und Alaska aufgekauft – wie wir heute wissen, für billiges Geld. Analog könnte Griechenland einige seiner Inseln an Private verkaufen, Italien das Veltlin oder Frankreich das Elsass an die Schweiz. Die betroffene Bevölkerung hätte möglicherweise nicht einmal viel dagegen, die souveränen Staaten Griechenland, Italien oder Frankreich allerdings schon. Anders liegen die Dinge bei den Kantonen und vor allem den Gemeinden, die durchaus marktgängige Vermögenswerte aufweisen, wie zum Beispiel staatliche Liegenschaften, die nicht für die Verwaltung genutzt werden, strategische Landreserven oder kommunale Unternehmen in der Versorgung mit Gas, Wasser, Elektrizität usw. Nicht betriebsnotwendiges Anlagevermögen kann man notfalls veräussern, und Versorgungsunternehmen, die nicht zwingend staatlich sein müssen, kann man privatisieren. Wenn die Defizite jedoch strukturell und systemimmanent sind, bleiben solche Verkaufs- oder Privatisierungserlöse Strohfeuer ohne langfristige Verbesserungen.

5 Grenzen der Verschuldung privater Unternehmen

5.1 Die automatische Schuldenbremse privater Unternehmen

Dieser Abschnitt beschäftigt sich mit der sogenannten realen Wirtschaft, also mit den Güter und Dienstleistungen produzierenden Unternehmen im privaten Eigentum. Während die Situation der Kleinstfirmen und Familienbetriebe eher mit der von Haushalten vergleichbar ist, bilden grössere Unternehmen in Gestalt von Aktiengesellschaften eine andere Liga. Es ist nicht so sehr ihre Grösse, welche die Unterschiede bedingt, sondern die komplexe Struktur der beteiligten Akteure wie Aktionäre (Eigenkapitalgeber), Obligationäre (Fremdkapitalgeber), Verwaltungsrat, Management und Generalversammlung. Entscheidend ist dabei die Existenz eines sogenannten Residual Claimant, der als Kollektiv die Gewinnchance, aber auch das Totalverlustrisiko trägt. Da alle Schattierungen von Stakeholder-Ansätzen dieses Merkmal übersehen, führen sie letztlich in die Irre, indem die Mitbestimmung in einem Unternehmen analog zu einem demokratischen Staatsgebilde modelliert werden soll. Mitbestimmung und Haftung fallen bei einem Stakeholder-Ansatz auseinander. Denn neben den Aktionären sind höchstens noch die Obligationäre, die Banken oder die Kredit gebenden Lieferanten zumindest partielle Risikoträger im Fall des Untergangs. Kunden und Arbeitnehmer verlieren «nur» ihren Arbeitsplatz oder ihren Lieferanten. Kreditgeber jeglicher Art müssen lediglich die Rückzahlung der gewährten Lieferanten-, Banken- oder Obligationenkredite sicherstellen. Sie sind insofern privilegiert, als ihre Zinszahlungen Kosten darstellen und nicht Gewinnverwendung. Diese ist allein Sache des Aktionärs, der aber auch der endgültige Verlustträger ist. In diesem Sinne ist es nicht ideal, aber methodisch vertretbar, eine Aktiengesellschaft analog zum Haushalt als eine fiktive Einheit zu behandeln. Denn die Aktionäre sollten als residuale Risikoträger auch das letzte Wort im Budgetierungsprozess haben. Allerdings zeigt sich bereits hier die Schwierigkeit, dass verschiedene Aktionäre oder Aktionärsgruppen unterschiedliche Interessen haben, und als solche wesentliche Kompetenzen an den Verwaltungsrat und das Management abtreten müssen; aus Gründen der Effizienz wohlgemerkt, woran auch die Annahme der Minder-Initiative nicht viel ändern wird. Die Wahl der Verwaltungsräte und die Genehmigung von Budget und Jahresrechnung gehören aber zu den absolut unverzichtbaren Rechten der Generalversammlung. Was den privaten Haushalten und den Organisationen ohne Erwerbscharakter wie Museen, Clubs oder Vereinen gut gelingt, scheinen auch die profitorientierten Kapitalgesellschaften in aller Regel gut zu bewältigen. Obwohl gerade sie Vorsorge für unvorhergesehene Ereignisse treffen müssen, die sowohl die Erlös- wie auch die Kostenseite negativ beeinflussen können, gelingt es ihnen im Allgemeinen gut, die unvermeidlichen Budgetrestriktionen einzuhalten und eine übermässige Verschuldung zu vermeiden. Dafür gibt es einen simplen Grund. Analog zu den privaten Haushalten bleiben auch die privaten Unternehmen unter dem Regime eines Private Property Budgeting. Zwar haben wir ein Collective-Action-Problem bei der Willensbildung, doch ist der Entscheid einmal getroffen, besteht eine direkte und unauflösliche Verknüpfung zwischen diesem Entscheid zum einen und den Konsequenzen, die daraus folgen, zum anderen. Einzelne Direktoren, Verwaltungsräte, Kredit gebende Banken oder Aktionärsgruppen können sehr wohl unterschiedliche Meinungen in den Budgetprozess einfliessen lassen. Doch wenn sich ehrgeizige Expansionspläne nicht selbst finanzieren lassen, muss das Unternehmen entscheiden, diese Expansions- oder Übernahmepläne entweder durch Kredite zu finanzieren oder fallen zu lassen.

Die Spielregeln aus Gesetz und Statuten erzwingen, dass eine Entscheidung in die eine oder andere Richtung gefällt wird. Was auch immer im Vorfeld einer schuldenrelevanten Entscheidung gesagt, geschrieben oder wovor auch immer gewarnt wurde – allein die schliesslich getroffene Entscheidung wird die Erlöse, die Kosten, den Cashflow und im Endeffekt auch die Verschuldung beeinflussen.

5.2 Die Verschuldungssituation von Schweizer Unternehmen des Privatsektors

Analog zur Verschuldung von Staaten existieren auch Kennzahlen zur relativen Verschuldung von Unternehmen der Privatwirtschaft. Was im Falle des Staates durch das Bruttoinlandsprodukt gemessen wird, wird bei dieser Analyse durch das in einer Unternehmung befindliche Eigenkapital dargestellt. Die Schulden werden als Nettoschulden berücksichtigt. Das Verhältnis dieser beiden Kennzahlen – Eigenkapital und Nettoschuld – wird uns als Grad der ungedeckten Verschuldung dienen. Die Interpretation ist eine etwas andere als im Falle der Staatsverschuldung gemessen am BIP. Abbildung 10 zeigt dieses Verhältnis für Unternehmungen, die im Swiss Market Index (SMI) gelistet sind. Den Berechnungen liegen Daten des Jahres 2012 zugrunde.

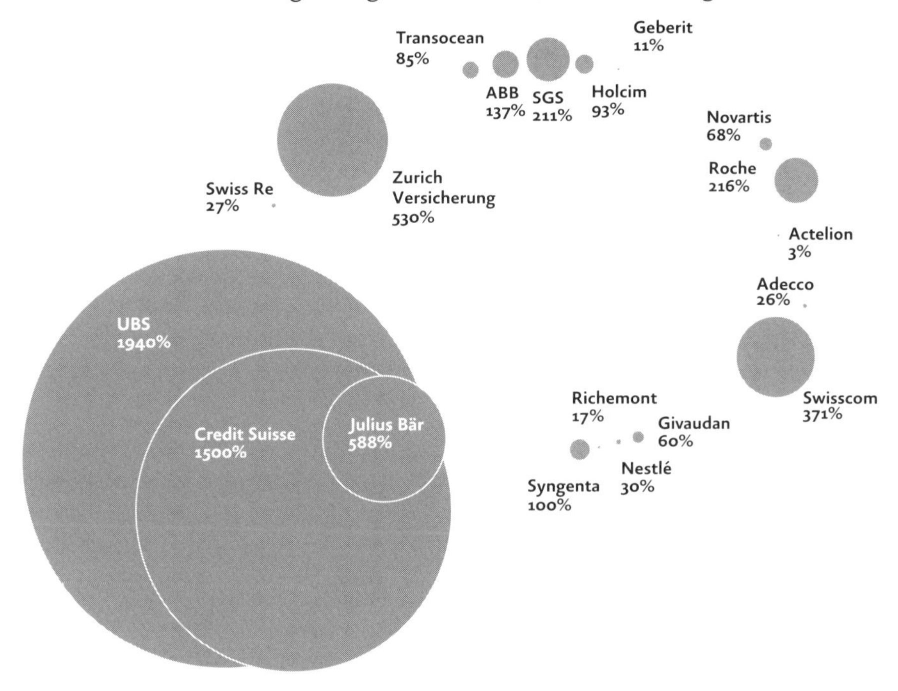

Abbildung 10: Nettofinanzverbindlichkeiten als Anteil des Eigenkapitals in SMI-gelisteten Unternehmen. Quelle: Eigene Berechnungen auf Basis der einzelnen Jahresabschlüsse 2012.

Ein Wert von über 100 Prozent in der Relation Nettoschuld und Eigenkapital bedeutet, dass das um kurzfristige Verbindlichkeiten bereinigte Fremdkapital – also jenes der Bondinhaber – zu weniger als 100 Prozent durch Eigenkapital respektive Aktienkapital gedeckt ist. In der Darstellung gibt das Volumen der Kugeln die Nettofinanzverbindlichkeiten als Anteil des Eigenkapitals an. Das Bild verdeutlicht die Risikoposition, in der sich der Aktionär befindet. Er alleine haftet für den Bankrott der Unternehmung. Je nach Branche scheint es den Unternehmen gut oder weniger gut zu gelingen, die Verschuldung niedrig zu halten. Im Finanzbereich haben wir – wie erwartet – den mit Abstand niedrigsten Deckungsgrad des Fremdkapitals mit Eigenkapital. Besonders hier wird die Leverage optimal ausgenutzt bzw. maximal ausgereizt, denn die Eigenkapitalrendite kann maximiert werden, wenn der Anteil von Fremdkapital steigt. Die Banken strebten denn auch offiziell eine Eigenkapitalrendite von 20 bis 25 Prozent an, obwohl die gesamtwirtschaftliche Kapitalrendite langfristig durch die Wachstumsrate der Volkswirtschaft begrenzt wird und deutlich tiefer liegt. Natürlich haben auch die Aktionäre der Banken, also die Besitzer des Eigenkapitals, Interesse an derart hohen Renditen, wenngleich ihr Risiko proportional zum Fremdkapitaleinsatz steigt. Dies wird dann zum Problem, wenn im Falle eines Scheiterns dieser Hochrisiko- und Ertragsstrategien der Staat die Bank aus dem Schneider holt. Eine solche Absicherung im Worst Case schafft Moral Hazard und macht das Risikoverhalten asymmetrisch.

An der Spitze der beschriebenen Leverage-Skala steht die UBS, deren Verhältnis von Nettoverschuldung zu Eigenkapital bei fast 2000 Prozent liegt. Dies bedeutet, dass nur etwa 5 Prozent (= 100/2000) des Fremdkapitals durch Eigenkapital gedeckt sind. Im Falle der Credit Suisse haben wir es mit einem Verhältnis von 15:1, bei Julius Bär mit fast 6:1 zu tun. Bei den Versicherungen weist die Swiss Re mit lediglich 27 Prozent eine deutlich höhere Deckung auf als die Zurich Insurance, die nicht ganz 20 Prozent des Fremdkapitals mit Eigenkapital absichern kann. Deutlich vorsichtiger gehen die Unternehmen des Gewerbes und der Industrie vor. Während SGS und ABB keine hundertprozentige Deckung des Fremdkapitals aufweisen, trifft dies auf Transocean und Holcim zu. Geberit weist mit nur 11 Prozent Verschuldung eine ausserordentlich hohe Deckung auf. Die Swatch Group ist hier nicht aufgeführt, da ihre Nettoverschuldung praktisch bei null liegt. Im Bereich Pharma besteht grosse Heterogenität. Während Actelion mit nur 3 Prozent und Novartis mit moderaten 68 Prozent Verschuldung aufwarten, ist bei Roche nicht ganz jeder zweite Franken mit Fremdkapital besichert. Bei den Dienstleistungen weist Swisscom mit 371 Prozent einen deutlich höheren Grad der Nettoverschuldung auf als Adecco. Unternehmen, die im Handel tätig sind, weisen alle eine vollkommene Deckung des Fremdkapitals mit Eigenkapital auf.

Der Grad der Verschuldung ist bei Unternehmungen der Privatwirtschaft ein anderer als im Falle eines Staates, und er muss auch anders interpretiert werden. Aus rein pekuniärer Sicht besteht für die Eigenkapitalgeber ein Anreiz, Fremdkapital aufzunehmen und ihre Rendite zu steigern. Dabei gibt es, wie wir gesehen haben, über die Branchen hinweg grosse Unterschiede in der Höhe der Deckung des Fremdkapitals durch Eigenkapital, die mit der jeweiligen Marktstruktur erklärt werden können. Doch egal, in welcher Branche man als Aktionär investiert ist, das Risiko steigt mit der Quote des Fremdkapitals. Letztlich kann dies in einigen wenigen Fällen zu einer Überschuldung der Unternehmung führen. Dafür tragen die Unternehmen und damit die Eigenkapitalbesitzer dann allerdings auch die Konsequenzen.

Private Unternehmen unterstehen damit einer absoluten und automatischen Schuldenbremse. Unsere Rechtsordnung verlangt unmissverständlich, dass Unternehmen im Falle der Überschuldung Konkurs anmelden und anschliessend in einem juristisch und demokratisch genau definierten Verfahren abgewickelt, also aufgelöst werden müssen. Dabei gibt es mit der Nachlassstundung noch eine Zwischenvariante. Aber im Prinzip ist alles sehr einfach und klar. Wenn der Wert der Schulden denjenigen der Anlagen übersteigt, d. h. wenn das Eigenkapital völlig aufgebraucht worden ist, dann ist Schluss. Die Konkursverwaltung verwertet die Aktiven und deckt die Gläubiger je nach Ergebnis zu einem bestimmten Prozentsatz. Auch hierzu gibt es klare Regeln, welche die Reihenfolge der Anspruchsberechtigten festlegen. Wer sicher alles verliert, sind die Aktionäre, denn Überschuldung heisst ja gerade, dass das Eigenkapital negativ geworden ist.

Volkswirtschaftlich betrachtet ist der Bankrott privater Akteure erstens unerlässlich und zweitens nicht so dramatisch. Das Konkursrisiko ist eine äusserst wirksame Schuldenbremse und somit ein unerlässliches Disziplinierungselement für die profitorientierten und risikotragenden Unternehmen. Gleichzeitig gehen die noch vorhandenen realen und werthaltigen Kapitalanlagen von denjenigen, die sie offensichtlich nicht profitabel nutzen konnten, auf andere über, die das hoffentlich besser können.

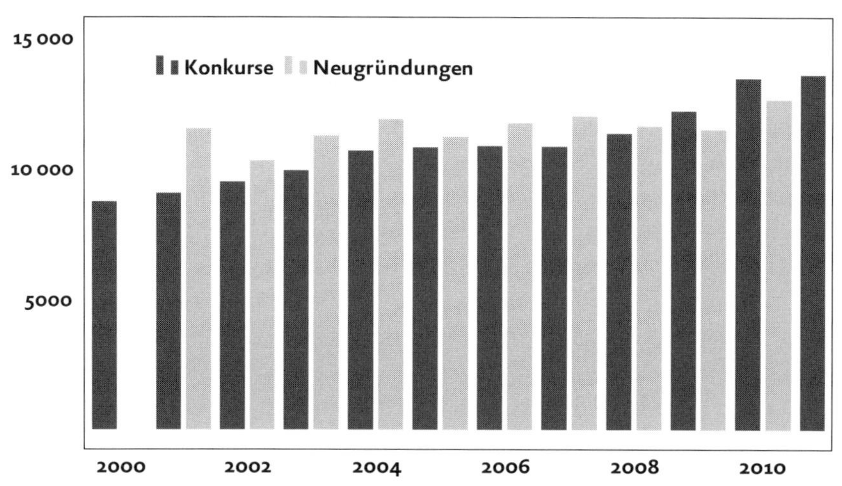

Abbildung 11: Konkurse und neu gegründete Unternehmen in der Schweiz. Quelle: BFS.

In diesem Sinne wird das Grundstück eines konkursiten Hotels als öffentlicher Park oder für eine private Überbauung umgenutzt. Oder die Flugzeuge nach dem Grounding einer Fluggesellschaft werden umlackiert und von anderen Gesellschaften übernommen. Wir nennen das «Kapital mit Flügeln». Abbildung 11 oben macht deutlich, dass sich Konkurse und Neugründungen in der Schweiz in etwa die Waage halten. Wie im Falle der Haushalte verlieren also auch hier nur diejenigen ihr Geld, die fahrlässig oder mit zu hohen Erwartungen Eigenkapital oder

Fremdkapital zur Verfügung gestellt haben. Die Rettung der Swissair war so gesehen auch im Rückblick überflüssig, denn falls die Lufthansa die Swiss aus der Konkursmasse übernommen hätte, wäre der Kaufpreis kaum viel tiefer ausgefallen als nach der teuren Rettung durch den Staat. Einzig das Schweizer Kreuz auf der Heckflosse hätte vielleicht nicht überlebt. Aber selbst das ist nicht sicher, weil die Deutschen wohl gescheit genug gewesen wären, diese starke Marke weiterzuführen.

Lange bevor die Guillotine des Konkurses niederfällt und dem Unternehmen das Genick bricht, wirken andere Kontrollmechanismen in subtiler und gradueller Weise, sobald das Unternehmen finanziell in Gefahrenzonen vordringt. Die Aktionäre und die Kreditgeber, seien es Obligationäre oder Banken, verfolgen das Unternehmen daher von aussen genau. Unterstützt werden sie dabei durch Finanzanalysten, welche die kotierten Gesellschaften permanent auf dem Radar haben. Treten strukturelle Verluste auf, werden hochriskante Übernahmen getätigt oder Auslandinvestitionen mit hohen politischen Risiken eingegangen, so wird das registriert. Die Banken verlangen allenfalls zusätzliche Sicherheiten, die Emission von festverzinslichen Schuldtiteln ist nur noch bei steigenden Zinsen möglich und – vor allem – die Aktionäre wenden sich von der Firma ab und veräussern ihre Beteiligungen. Dies drückt natürlich auf den Kurs der Aktie, was wiederum den Verwaltungsrat und das Management alarmiert und sie veranlasst, allenfalls Korrekturen am zu expansiven oder zu riskanten Kurs vorzunehmen. Diese Mechanismen der Kapitalmarktkontrolle sind viel wichtiger als die verbalen Kritiken einzelner Aktionäre einmal pro Jahr an der Generalversammlung. Oder anders gesagt: Exit ist für den Aktionär einfach und billig, Voice anstrengend und unwirksam. Wenn mir die Strategie, das Führungsverhalten oder die Entschädigungspolitik des Unternehmens XY nicht passt, steige ich aus und benütze dazu den liquiden Aktienmarkt. Als Obligationär meide ich zukünftige Emissionen oder zeichne diese nur noch als hochverzinsliche Junk Bonds. Hier liegt das grosse Missverständnis der Minder-Initiative, die primär die Aktionärsdemokratie stärken will und die rein internen Kontrollmechanismen in den Vordergrund rückt. Dies ist meist jedoch gar nicht im Interesse der Aktionäre, die lieber Transparenz, relevante Informationen, neutrale Analysen und liquide Märkte haben wollen als punktuelle Mitbestimmungsrechte bezüglich Strategie oder Entschädigung.

Die Konsequenzen einer fehlenden wirksamen Kapitalmarktkontrolle sieht man am besten bei den staatlichen Unternehmen, aber auch bei den grossen Genossenschaften im Detailhandel wie Migros und Coop. Hier herrscht ein allmächtiges Management unter einer rein internen Aufsicht von meist schwachen Verwaltungsräten. Kein Wunder, dass diese Unternehmen alles Mögliche und Unmögliche aufkaufen, sich zu geradezu abstrusen Konglomeraten und vertikal integrierten Monstern entwickeln und – im Falle der Migros – immer wieder einmal gewaltige Fehlinvestitionen im Ausland tätigen, wie erst jüngst wieder geschehen. Die Migros ist heute sowohl ein horizontaler Gemischtwarenladen wie ein willkürlich vertikal integrierter Detailhändler mit Produktionsbetrieben. Horizontal angegliedert sind z.B. Globus, Denner, Fitnesscenter oder eine Beteiligung am Modehaus Vögele. Vertikal integriert sind z.B. Aproz, Jowa oder Chocolat Frey. Aus einer Kapitalmarktperspektive professioneller Investoren müsste ein derart ineffizientes und willkürlich zusammengewürfeltes Gebilde als sicherer Übernahmekandidat mit nachfolgender Zerschlagung und Verselbstständigung der Einzelteile erscheinen. Nur gibt es hier keine Kapitalmarktperspektive, aber offensichtlich Marktmacht mit Quersubventionierungen aller Art. Es ist nur eine Frage der Zeit, bis die ausländische Detailhandelskonkurrenz dieses Monstrum in die Enge treibt. Der fehlende Druck der Finanzmärkte bietet keinen nachhaltigen Schutz vor dem steigenden Druck in den Absatzmärkten. Ein anderes Negativbeispiel sind die industriellen Werke von grossen Städten, denen die Konsumenten und Steuerzahler aus Mangel an Wettbewerbern komplett ausgeliefert sind. Ihre hohen oder gar steigenden Profite sind volkwirtschaftlich gesehen reine Umverteilungen von den Konsumenten zu den Steuerzahlern. Trotzdem investieren diese Unternehmen Unsummen in politisch hoch riskante Wind- oder Sonnenwerke im Ausland, die nur deshalb rentabel erscheinen, weil einige Regierungen extrem hohe und sicher nicht nachhaltige Subventionen ausrichten. Dass es bisher vor allem die Alpiq so erbarmungslos und schnell erwischt hat, ist nur die Konsequenz einer viel grösseren Kapitalmarktabhängigkeit dieser Firma. Es ist deshalb die Ironie der Energiewende, dass z.B. die IWB Basel die Beteiligungen an zu errichtende Speicherwerke der Alpiq für teures Geld abgekauft haben. Wären Coop oder Migros Aktiengesellschaften, wären sie längst von professionellen Investoren übernommen, in funktionsfähige Teileinheiten aufgespalten und – profitabel, aber auch volkswirtschaftlich produktiv – an neue Eigentümer verkauft worden (vgl. Safeway in den USA).

Der volkswirtschaftliche Schaden all dieser von der Kapitalmarktkontrolle geschützten Staatsbetriebe und Grossgenossenschaften durch Fehlinvestitionen einerseits und Anhäufung unproduktiven Kapitals andererseits ist sicher um das Vielfache grösser als die wenigen Exzesse bei der Managerentschädigung.

All die präventiven Instrumente greifen allerdings nicht in jedem Fall. Dies liegt daran, dass unternehmerische Strategien und Investitionen immer zukunftsgerichtet sind und die Märkte ein Entdeckungsverfahren darstellen. Viele müssen viel Verschiedenes probieren, damit wenige wirkliche Innovationen schaffen und grosse Gewinne einfahren können. Deshalb gibt es viele Neugründungen, aber parallel dazu auch viele Konkurse. Was volkswirtschaftlich zählt, ist der gesamtwirtschaftliche Produktivitätsfortschritt in der Folge des erfolgreichen technischen Fortschritts und des marktgetriebenen Strukturwandels. So gesehen sind selbst geplatzte Blasen nicht nur negativ. Die IT-Blase beispielsweise hat eine enorme Beschleunigung der wissenschaftlichen Forschung und der technischen Umsetzung bewirkt und mit Google oder Yahoo neue Weltführer des Unternehmertums zurückgelassen. Viele andere sind gescheitert und untergegangen. Aus der Perspektive allokativer Ressourceneffizienz ist dies, wie bereits oben erläutert, genauso positiv.

Bedingt durch die komplexe Struktur moderner und grosser Kapitalgesellschaften entstehen auch einige interne Konflikte, die zu einer Überschuldung und zum Untergang führen können. Grösstes Problem ist die Principle-Agent-Beziehung zwischen Aktionären (Principles) und Managern (Agents). Damit wird der Umstand bezeichnet, dass das Management zwar stellvertretend für die Eigentümer agiert, aber durchaus auch eigene, abweichende Interessen verfolgen kann. Zum Beispiel wird sich das Management bei einer schlechten Geschäftsentwicklung vielleicht gegen eine potenzielle Übernahme wehren, weil die Manager befürchten, von den neuen Eigentümern sofort aus ihren lukrativen Positionen entfernt zu werden. So gesehen sind Abgangsentschädigungen nicht a priori schlecht oder gar den Interessen der Aktionäre entgegengesetzt. Das zweite grosse Problem stellen sogenannte dominante Aktionärsgruppen in grossen Publikumsgesellschaften dar. Sie können einerseits sehr wohl langfristige Ziele verfolgen, ohne von feindlichen Übernahmen oder kurzfristigen Rückschlägen in die Knie gezwungen zu werden. Andererseits können sie sich jedoch auch des Managements bemächtigen, um sich privat auf Kosten der übrigen Aktionäre zu bereichern, bis die Substanz des Unternehmens weg ist. Dies ist leider die Kehrseite von familiendominierten Aktiengesellschaften.

Um dieses Kapitel abzuschliessen, können wir die relativ solide Verschuldungssituation der Schweizer Unternehmen ausserhalb des Finanzsektors auch zahlenmässig dokumentieren (vgl. Tabelle 4). Dabei geht es nur um die Gegenüberstellung der finanziellen Forderungen und Verpflichtungen, wobei finanzielle mit nicht finanziellen Unternehmen verglichen werden. Hier ist für die letztere Gruppe ein negativer Saldo zu erwarten. Denn die Unternehmen sind ja die Eigentümer aller realen Anlagen, die weder den privaten Haushalten direkt noch dem Staat gehören.

Der private, nicht finanzielle Unternehmenssektor hatte 2011 insgesamt über 1000 Milliarden Franken Finanzanlagen. Davon sind gut 210 Milliarden Bargeld und Einlagen, etwa 100 Milliarden Schuldtitel in- und ausländischer Emittenten, gut 250 Milliarden Kredite, knapp 435 Milliarden Aktien und andere Anteilsrechte. Auf der anderen Seite der Bilanz figurieren finanzielle Verpflichtungen in Höhe von mehr als 1500 Milliarden Franken. Das Nettofinanzvermögen liegt somit mit über 500 Milliarden Franken erwartungsgemäss im Minus. Interessanterweise betragen die ausstehenden Aktien und anderen Anteilsrechte ebenfalls knapp 1000 Milliarden. Die ausstehenden Aktien sind somit annähernd zu 100 Prozent mit liquiden Mitteln und finanziellen Forderungen allein gedeckt.

	Nicht finanzielle Unternehmen		Finanzielle Unternehmen	
Bestandsposten	**Forderungen**	**Verpflichtungen**	**Forderungen**	**Verpflichtungen**
Währungsgold und Sonderziehungsrechte			54 001	
Bargeld und Einlagen	216 400	100 707	804 793	1 871 145
Bargeld	5336		8 110	55 729
Sichteinlagen	185 951	66 524	418 041	1 019 056
Sonstige Einlagen	25 113	34 183	378 642	796 360
Schuldtitel	105 014	68 388	912 590	204 605
Geldmarktpapiere	5817	474	50 940	17 314
Kapitalmarktpapiere	99 197	67 914	861 650	187 291
Kredite	252 058	418 633	1 545 382	353 831
Aktien und andere Anteilsrechte	433 331	964 690	894 532	612 780
Portfolioinvestitionen	70 305		330 619	
Beteiligungen	363 026		563 913	
Anteile an kollektiven Kapitaleinlagen	17 038		507 453	575 594
Ansprüche gegenüber Versicherungen und Pensionskassen	8748			948 169
Finanzderivate			91 904	98 291
Strukturierte Produkte	2762		10 537	0
Sonstige Forderungen/Verpflichtungen		370		
Total	**1 035 351**	**1 552 788**	**4 821 192**	**4 664 415**
Nettofinanzvermögen		**-517 437**		**156 777**

Tabelle 4: Bestände der Forderungen und Verpflichtungen der nicht finanziellen und der finanziellen Unternehmen in der Schweiz im Jahr 2011. Angaben in Millionen Franken. Quelle: SNB (2013).

Demgegenüber weist die Gruppe der finanziellen Unternehmen einen positiven Saldo des Nettofinanzvermögens auf. Dieser resultiert vor allem aus der Höhe an Forderungen im Bereich der Schuldtitel (über 900 Mrd. Fr.) und der Kredite (mehr als 1500 Mrd. Fr.) bei relativ geringem Umfang an Verpflichtungen. Diese liegen einzig beim Bargeld und den Einlagen (knapp 1900 Mrd. Fr.) sowie den Pensionskassen (etwa 950 Mrd. Fr.) signifikant über den Forderungen.

6 Langfristiger Anstieg von Staats- und Schuldenquoten

Rein buchhalterisch und arithmetisch betrachtet unterscheidet sich der Staat nicht von den Haushalten oder Unternehmen. Auch politische Institutionen, seien es Gemeinden, Kantone oder Gliedstaaten und der National- oder Bundesstaat, müssen ein Budget erstellen, dieses genehmigen, die effektiven Einnahmen und Ausgaben verbuchen und am Ende des Jahres eine Abschlussrechnung vorlegen, die mehr oder weniger grosse Budgetabweichungen aufzeigt. Diese müssen auch im politischen System erklärt oder begründet werden. Dies gilt sowohl für die Einnahmen- wie die Ausgabenseite. Defizite führen dabei zwangsläufig zu einer Neuverschuldung. Wird im Rahmen von Sound Finance ein ausgeglichenes Budget angestrebt, sollten sich Überschüsse und Defizite über die Jahre in etwa die Waage halten, weil Budgetfehler oder Überraschungen in beide Richtungen mit gleicher Häufigkeit und Höhe auftreten sollten.

Was wir aber in den letzten Jahrzehnten zunehmend beobachten, sind systematische und wachsende Defizite, die sich – ob budgetiert oder nicht – von Jahr zu Jahr wiederholen. Frankreich hat seit fast fünfzig Jahren keinen einzigen Überschuss in der Staatsrechnung mehr geschafft. Wie bereits erwähnt, sollten sich reine Prognosefehler über die Zeit ausgleichen, sodass neben unerwarteten Defiziten auch unerwartete Überschüsse auftreten würden. Doch Überschüsse werden in letzter Zeit weder geplant noch erwartet. Der Budgetausgleich ist somit auch auf mittlere oder gar längere Frist nicht mehr zu erwarten, selbst wenn solides Finanzgebaren nicht einen jährlichen Budgetausgleich anvisiert, sondern ein mittelfristiges Gleichgewicht oder den Ausgleich im Konjunkturzyklus. Hätte man den Konjunkturzyklus im Auge, würden bei guter Konjunktur Überschüsse erzielt, die zum Schuldenabbau führen. Wenn in Folge automatischer Stabilisatoren wie etwa der Arbeitslosenversicherung oder diskretionärer Wirtschaftsankurbelungsmassnahmen Defizite entstehen, würden die Schulden wieder ansteigen. Im Laufe der Zeit würden die Budgets aber automatisch ausgeglichen und die Schulden in Bezug auf die Leistungsfähigkeit der Volkswirtschaft (BIP) stabilisiert. Das ist jedoch nicht, was langfristig in den meisten Ländern wirklich geschieht. Was wir am häufigsten beobachten, ist im Gegenteil ein langfristiger und somit struktureller Anstieg sowohl der Staatsausgaben- wie der Staatsschuldenquote.

«During the first 150 or so years of the American republic, the pattern conformed largely to the budgetary principle of sound finance. Deficits were acquired during wars and depressions, while surpluses were accumulated during normal times to reduce the debt. In contrast, the last 50 or so of years of budgetary experience shows a starkly different budgetary pattern. The record is clear that over the past half-century budgeting has proceeded differently than it proceeded over the preceding century and a half.»[11]

In allen westlichen Demokratien stechen zwei Trends oder Fragen klar hervor und erfordern eine polit-ökonomische Antwort:

1. Weshalb ist der Anteil der Staatsausgaben am BIP (Staatsquote) von etwa 5 bis 15 Prozent zu Beginn des letzten Jahrhunderts auf heute um die 45 Prozent gestiegen (vgl. Abbildung 12)?
2. Weshalb sind die dermassen stark gestiegenen Staatsausgaben nicht entsprechend durch Steuern, sondern zunehmend durch eine steigende Staatsverschuldung finanziert worden?

Die Begründung muss zum einen in den Besonderheiten des politischen Entscheidungsprozesses über Ausgaben und deren Finanzierung beim Staat liegen, zum anderen im Fehlen einer automatischen Schuldenbremse in Gestalt der Kapitalmarktkontrolle und – in extremis – des geordneten Bankrotts. Diese Mechanismen sind sowohl bei privaten Haushalten wie auch bei privaten Unternehmen primär präventiv, aber notfalls auch korrektiv wirksam. Absolut entscheidend für die Wirksamkeit dieser automatischen Schuldenbremsen in Form von privaten Kapitalmarktkontrollen und – falls nötig – staatlichen Konkursverfahren ist die volle Haftung von privaten Eigentümern. Diese müssen als Eigenkapitalgeber oder als Fremdkapitalgeber proportional zur Einlage mit ihrem privaten Vermögen für unbezahlte oder unbediente Schulden einstehen.

Politische Schuldenbremsen wie etwa in der EU (Defizite dürfen maximal 3 Prozent des BIP betragen) oder absolute Schranken für die Schuldenhöhe wie in den USA sind praktisch wirkungslos geblieben, weil sie leicht um- oder übergangen werden können. Sie beruhen nur auf einer Absichtserklärung der Regierungsverantwortlichen und erfordern für ihre Durchsetzung einen neuen politischen Entscheid. Anstelle von privatem Eigentum «haften» bloss politische Versprechen. Auf den sicherlich positiven Sonderfall Schweiz kommen wir später zurück.

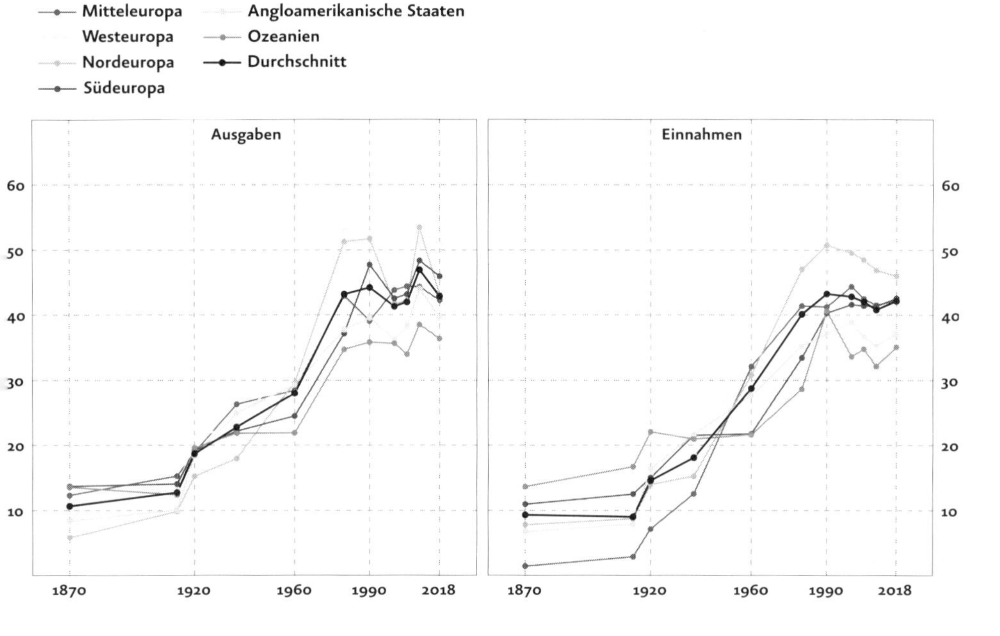

Abbildung 12: Historische Staatsquoten und Prognose als Verhältnis der Einnahmen und Ausgaben des Staates am BIP ausgewählter Regionen. Angaben in Prozent. Quelle: Eigene Darstellung auf Datenbasis von Tanzi/Schuknecht (2000) und des IMF.

Schuldenmachen ist jedenfalls beim Staat und insbesondere in einer wie auch immer gearteten Demokratie seit den 1960er-Jahren gewissermassen zum Normalfall geworden. Am besten versteht man das, wenn wir zum Vergleich nochmals kurz auf die Haushalte und Unternehmen zurückblenden. Beim Haushalt entscheidet eine homogene Instanz, im Extremfall ein Einzelner, simultan über Einnahmen und Ausgaben sowie Kreditaufnahme oder -rückzahlung. Der Kreditgeber wählt sich seine Schuldner relativ sorgfältig aus und überwacht sie laufend und eng. Beides ist nicht nur bei Hypotheken, sondern selbst bei Kreditkarten wie auch bei Konsumkrediten von Banken ohne grossen Aufwand möglich. Die Schuldenlast auf andere zu überwälzen, ist extrem eingeschränkt und primär fast nur im engeren Familienkreis möglich, wobei selbst Nachfahren das Erbe überschuldeter Eltern ausschlagen können. Ein privater Konkurs trifft vor allem den überschuldeten Haushalt selbst, dem danach nur noch das Nötigste zum Überleben bleibt und der sogar zu einem späteren Zeitpunkt, z.B. nach einer Erbschaft oder einem neuen guten Verdienst, wieder zum Handkuss kommen kann. Also ist man besser vorsichtig und zurückhaltend mit dem Schuldenmachen. Dies ist weder eine Frage des Wissens noch der Moral, sondern die Folge wirksamer Anreize mit Blick auf die unausweichlichen, sehr harten Konsequenzen bei struktureller Überschuldung. In zweiter Linie verlieren Gläubiger ihre Forderungen, was nun aber wiederum bei diesen Anreiz schafft, bereits bei der Kreditvergabe die Verzinsung und Rückzahlung im Auge zu behalten und entsprechende Vorsicht walten zu lassen.

Bei einer kotierten Aktiengesellschaft ist die Entscheidungsfindung im Vergleich mit dem Haushalt bereits komplexer. Hier kann schon nicht mehr von einer Einheit gesprochen werden. Vielmehr ist ein Unternehmen ein Bündel von Vertragsbeziehungen, also die Folge des Zusammenwirkens verschiedener Menschen und Gremien mit teilweise recht heterogenen Interessen und Zielen. Innerhalb der beteiligten Kollektive, sei dies die Geschäftsleitung, der Verwaltungsrat oder die Generalversammlung, müssen sich die Mitglieder kollektiv auf eine Position einigen. Die Eigentümer, also die Aktionäre, bleiben die einzigen

Anspruchsberechtigten oder Haftenden für Gewinne und Verluste. Es gibt somit eine überragende Interessengruppe namens Aktionäre, die den langfristigen Shareholder Value verteidigt und fördert. Dazu gibt ihnen die Corporate Governance einige betriebsinterne Kontrollinstrumente wie interne und externe Revision, Genehmigung der Jahresrechnung und des Budgets oder die Entscheidung über gewichtige Investitionen in die Hand. Und selbstverständlich existiert auch die noch viel wichtigere externe Kontrolle der drohenden Sanktionen durch die Finanzmärkte. Finanzanalysten sind in diesem System übrigens weniger als Quellen für wertvolle Information, sondern vielmehr als kritische Überwachungsinstanzen von besonderer Bedeutung.

Voice im Sinne von aktiver Mitsprache ist für den Aktionär relativ teuer und wirkungslos. Die lautstarken Agitatoren an Generalversammlungen haben in den meisten Fällen lediglich einen positiven oder negativen Unterhaltungswert. Doch die Exit-Option ist billig und effizient. Ich steige mit meinem Aktienanteil aus, wenn mir die Ertragslage des Unternehmens zu prekär, die Verschuldungsentwicklung zu bedrohlich oder die Investitions- oder Akquisitionsstrategie zu riskant erscheint. Dazu brauche ich lediglich einen einigermassen liquiden Aktienmarkt. Und je differenzierter mein Aktienportfolio ist, umso leichter ist der Ausstieg ohne negative Auswirkungen auf den Erlös. Damit wird nebenbei auch aufgedeckt, dass die Minder-Initiative vor Widersprüchen und Missverständnissen strotzt. Ein Missverständnis der gröberen Sorte betrifft die Stimm- und Publikationspflicht der Pensionskassen, die sich die Exit-Option nicht zuletzt gerade dadurch offenhalten wollen, indem sie auf Voice verzichten, um ja nicht in die operative Mitverantwortung hineinzuschlittern.

Eine gewisse Staatsverschuldung ist analog zum privaten Haushalt oder Unternehmen nicht per se schlecht, weil ja auch der Staat produktivitätssteigernde und somit wachstumsfördernde Investitionen tätigt. Aber auch, weil ein gewisses Anlagebedürfnis seitens der Haushalte für sichere Anlagen mit risikoarmen Erträgen besteht, die durch Staatsanleihen (normalerweise) zur Verfügung gestellt werden. Zudem ist es sinnvoll, in Krisen-

oder Kriegszeiten vorübergehende Defizite zu fahren. Es ist daher auch für die ökonomische Theorie alles andere als einfach – ja letztlich unmöglich –, die optimale Staatsschuldenquote zu definieren und wohlfahrtsökonomisch zu begründen. Dies liegt nicht zuletzt auch daran, dass nicht nur die absolute Höhe der Steuer- und Ausgabenquoten eine Rolle spielt, sondern auch die Struktur der Einnahmen und die Qualität der öffentlichen Leistungen, die mit den Ausgaben finanziert werden. Trotzdem gibt es theoretische und empirische Anhaltspunkte für quantitative Schwellenwerte, ab denen es bedenklich wird. Theoretisch liegt es nahe, die Zunahme der Verschuldung an der Relation zwischen Schuldzins und Wachstumsrate der Volkswirtschaft zu orientieren. Solange die Wachstumsrate des BIP höher ist als der Schuldzins, nimmt die relative Last des Schuldendienstes nicht zu, sondern ab. Diese Betrachtung wirft jedoch einen sehr düsteren Schatten auf die gegenwärtige Situation in vielen Ländern, die wegen teils enormen Risikozuschlägen hohe und steigende Zinsen zahlen, aber gleichzeitig dringend die Schulden abbauen müssen. Letzteres ist zumindest kurzfristig mit Ausgabenkürzungen verbunden, welche die Wachstumsrate reduzieren, wenn nicht gar in den Negativbereich drängen. Bis heute sind diese Schreckensszenarien noch nicht eingetreten, weil die Zentralbanken sowohl in den USA als auch in Europa und neuerdings auch in Japan eine Politik des billigen Geldes mit Quasi-Nullzinsen verfolgen und trotz wachsenden Bedenken weiterverfolgen. Viele Staaten sind bereits so stark überschuldet, dass bei normalen Zinssätzen zumindest ein Teilbankrott mit gewaltigen Abschreibern bei den Gläubigern unvermeidlich würde. Empirische Studien zeigen, dass im Umfeld von 80 Prozent Schuldenquote gemessen am BIP eine kritische Grenze erreicht wird, nach deren Überschreiten das Wachstum verlangsamt wird und das durchschnittliche Wirtschaftswachstum tendenziell niedriger ist. Nicht ohne Grund hat man bei den Maastricht-Kriterien für den Euro die Grenze bei 60 Prozent gezogen, um eine gewisse Sicherheitsmarge zu haben. Obwohl sich die Medien und die Öffentlichkeit im Normalfall wenig für rein wissenschaftliche Kontroversen interessieren, sind die vorher zitierten Autoren Reinhart und Rogoff kürzlich in einen grossen Wirbel geraten, weil ihnen in der Tat kleinere Fehler unterlaufen sind, die von überzeugten oder auch opportunistischen Neo-Keynesianern genüsslich und weidlich ausgeschlachtet wurden. An der grundlegenden Erkenntnis, dass die Überschreitung gewisser Schuldenquoten das Wachstum behindert, ändert diese lächerliche Kritik nichts. Steigende Schuldenquoten führen zu steigenden Anteilen der Zinskosten am laufenden Budget. Sie wecken die Erwartung steigender Steuern oder Inflation (oder beides) und verdrängen so privaten Konsum und erst recht private Investitionen.

Diesen empirischen Zusammenhang konstatiert auch die Bank für Internationalen Zahlungsausgleich (BIZ) in ihrem jüngst vorgestellten Jahresbericht 2013[13]. Die Autoren der BIZ gehen in ihren Aussagen weniger weit als Reinhart und Rogoff. Der Bericht stellt fest, dass es wohl keine allgemeingültige Regel zur Festlegung von Schuldenzielen gibt. Es wird jedoch davon ausgegangen, dass der kritische Wert der Staatsverschuldung zum BIP für Industrienationen bei 60 Prozent und jener für Schwellenländer bei 40 Prozent des BIP anzusiedeln sind. Für Japan – zugegebenermassen ein ökonomischer Sonderfall in vielerlei Hinsicht – wird dieser Wert auf 200 Prozent festgelegt.

Rekapituliert man die Erkenntnisse der vorangegangenen Kapitel, so wird die Gefahr einer Abwärtsspirale bei Überschuldung deutlich. Besonders prägnant ist dies am Beispiel Griechenlands zu sehen, das seit seiner Unabhängigkeit im Jahr 1829 insgesamt sechs Restrukturierungen, sprich: Staatsbankrotte, zu verzeichnen hatte. Griechenland blickt auf rund 180 Jahre Unabhängigkeit zurück. Während 27,5 Prozent dieser Zeit war es international zahlungsunfähig. Das Vertrauen der Investoren war somit von Haus aus nicht besonders gross, doch die Einführung des Euro verschaffte dem Land am Mittelmeer die Möglichkeit, sehr günstig an Kredite zu kommen, ohne zuvor eine gute Reputation herstellen zu müssen (vgl. hierzu Abbildung 6, S.31). Daher waren es letztlich makroökonomische Faktoren wie Wirtschaftswachstum, Inflation und Verschuldungsgrad, die dafür sorgten, dass Griechenland zu Beginn der Krise von den meisten Investoren gemieden wurde. Es ist schwierig abzuschätzen, wie hoch die Zinsen bei Ausbruch der Krise noch geschossen wären, hätte der Währungsverband nicht seine Bereitschaft signalisiert, sich dem Bail-out-Verbot zu entziehen und Griechenland zu retten. Nichtsdestotrotz war und ist die Refinanzierung für den Krisenstaat schwierig und vor allem kostspielig, was die Bruttoverschuldung innerhalb kürzester Zeit massiv erhöhte. Wir werden später sehen, wie sich diese Abwärtsspirale der Schuldenentwicklung auf das Wirtschaftswachstum und andere makroökonomische Kennzahlen auswirkt.

Doch zurück zu den bekannten harten Fakten: Bereits im Jahre 2009 betrug die Schuldenquote im OECD-Durchschnitt 92 Prozent des BIP mit einem prognostizierten Anstieg auf knapp 110 Prozent für 2013. Die Euroländer insgesamt sollen im Jahr 2013 die 100-Prozent-«Schallmauer» durchbrechen. Und dies alles bei einem nach wie vor – auf dem Papier – zwingenden Maximalwert von 60 Prozent. Dabei wird erwartet, dass Belgien und Frankreich noch unter 110 Prozent sein werden, Island, Irland und Italien über 120, Portugal bei etwa 130, Griechenland bei 173 und Japan bei 220 Prozent.

Am anderen Ende finden wir Länder wie Australien mit 28, Korea mit 33, die Schweiz offiziell mit 39 – aber bei Einbezug der Sozialversicherungen auch gegen 50 Prozent tendierend – und das frühere Sozialstaatsparadies Schweden mit noch 46 Prozent. Die Schuldenquoten sind somit nicht nur sehr ungleich hoch, sondern auch nicht überall zunehmend. Eine detaillierte Übersicht wird in Kapitel 9 folgen, wo der aktuelle Stand im Hinblick auf die Euroländer und die Schweiz als Vergleichsmassstab aufgezeigt wird.

Neben den Schuldenquoten sind auch die Staatsquoten von grosser Bedeutung. Sie messen den Anteil der öffentlichen Ausgaben eines Landes an dessen gesamter Wertschöpfung. Dieser Anteil ist im letzten Jahrhundert nicht nur in den beiden Weltkriegen, sondern insbesondere auch nach den 1960er-Jahren dramatisch gestiegen. Verdoppelungen innerhalb einer oder zwei Generationen sind die Regel.

Im internationalen Vergleich steht die Schweiz mit einer Staatsquote, die seit Jahren bei knapp 35 Prozent liegt, recht stabil da und erreicht den besten Wert unter den ausgewählten westlichen Industriestaaten (vgl. Abbildung 13, S. 72/73).

Allerdings lässt die internationale Vergleichbarkeit dieser Daten stark zu wünschen übrig, da in der Schweiz die obligatorischen und mehrheitlich defizitären Sozialversicherungen nicht im Staatshaushalt konsolidiert werden. Weiterhin vergleichsweise tiefe Quoten weisen Neuseeland, Australien, die USA und Kanada sowie Japan auf, gefolgt von den europäischen Ländern Spanien, Deutschland, Norwegen und Grossbritannien. Irland hatte infolge der Verstaatlichung der Anglo Irish Bank zuletzt einen enormen Anstieg der Staatsquote zu verzeichnen, die jedoch bereits kurzfristig wieder auf ein normales Niveau sinken sollte. Auf über 50 Prozent Anteil der Staatsausgaben am BIP kommen Schweden, die Niederlande und Belgien. Ganz knapp darunter liegt Italien. Deutlich darüber liegt neben dem zweitplatzierten Österreich (53,5 %) Frankreich mit einer Quote von sage und schreibe 56,5 Prozent. Fairerweise muss hier jedoch erwähnt werden, dass in den meisten Ländern mit einer hohen Staatsquote auch die Einnahmen entsprechend höher sind als bei solchen mit einer niedrigen Staatsquote (vgl. Abbildung 13, S. 72/73).

«Bei einer Staatsquote von 50 Prozent beginnt der Sozialismus», so wird der Altkanzler der BRD, Helmut Kohl, gerne zitiert. Dabei ist die Bezeichnung «beginnt» notabene noch zurückhaltend formuliert. In der Tat, hohe Staatsquoten weisen insbesondere die skandinavischen Länder Schweden, Norwegen und Finnland auf, also klassische Staaten mit sozialer Wohlfahrt als oberster Leitlinie. Trotzdem sind es gerade auch diese skandinavischen Länder, die eine Umkehr eingeleitet und durchgehalten haben. So vorteilhaft eine hohe Staatsquote für die soziale Wohlfahrt eines Staates auch erscheinen mag, so negativ wirkt sie sich auf die Gesamtwirtschaft und deren Wachstum aus. Laut Alfred Boss, Ökonom am Kieler Institut für Weltwirtschaft (IfW) schadet eine höhere Staatsquote der Wirtschaft, denn Studien zeigen: Staaten mit einer geringen Staatsquote haben ein höheres Wirtschaftswachstum. Aus dieser Perspektive lässt sich nur hoffen, dass die Prognose des IMF richtig ist, nach der in den meisten Ländern – mit Ausnahme der Schweiz, Italien und der Nieder-

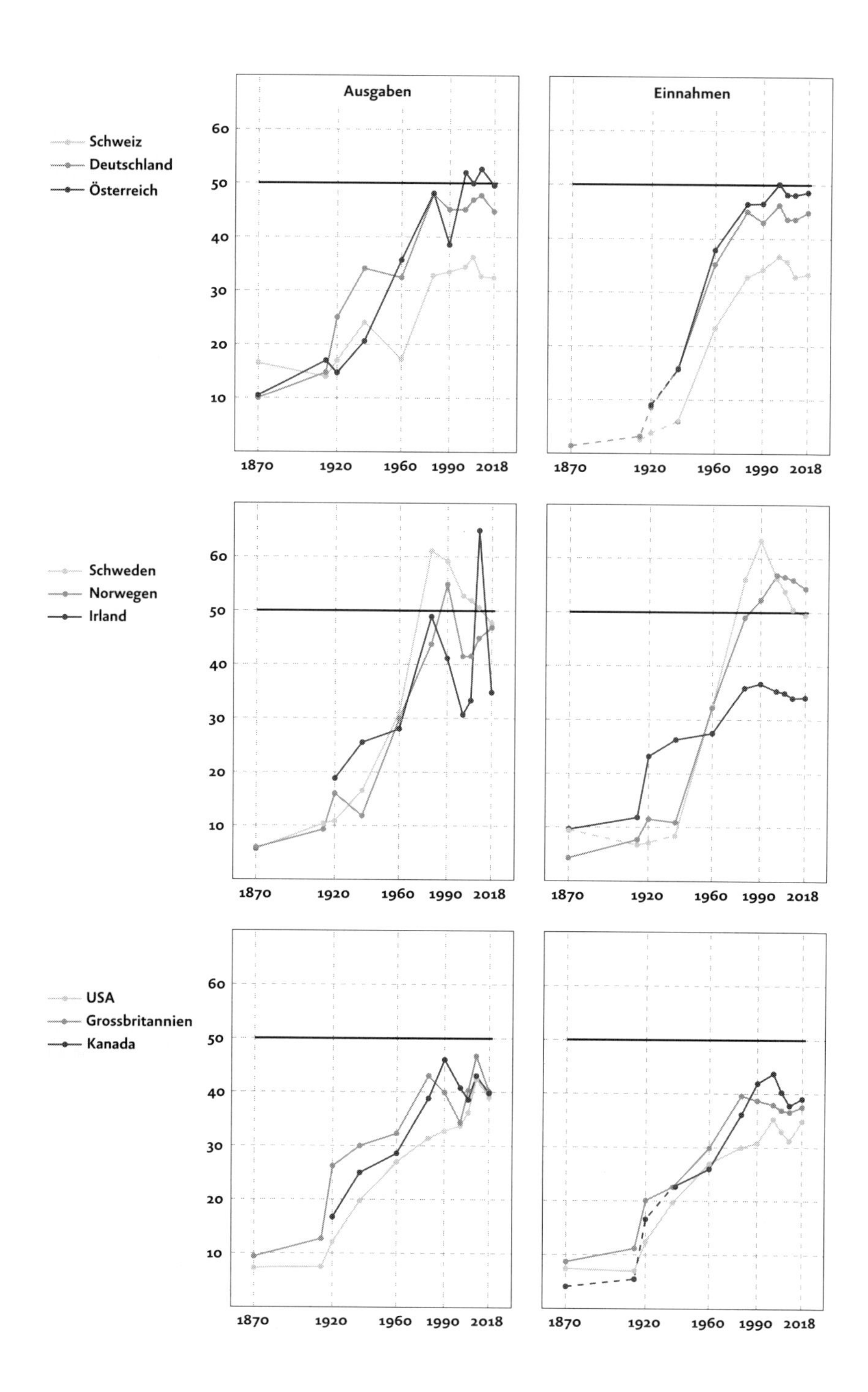
Ausgaben
Einnahmen
Schweiz
Deutschland
Österreich
Schweden
Norwegen
Irland
USA
Grossbritannien
Kanada
60
50
40
30
20
10
1870
1920
1960
1990
2018

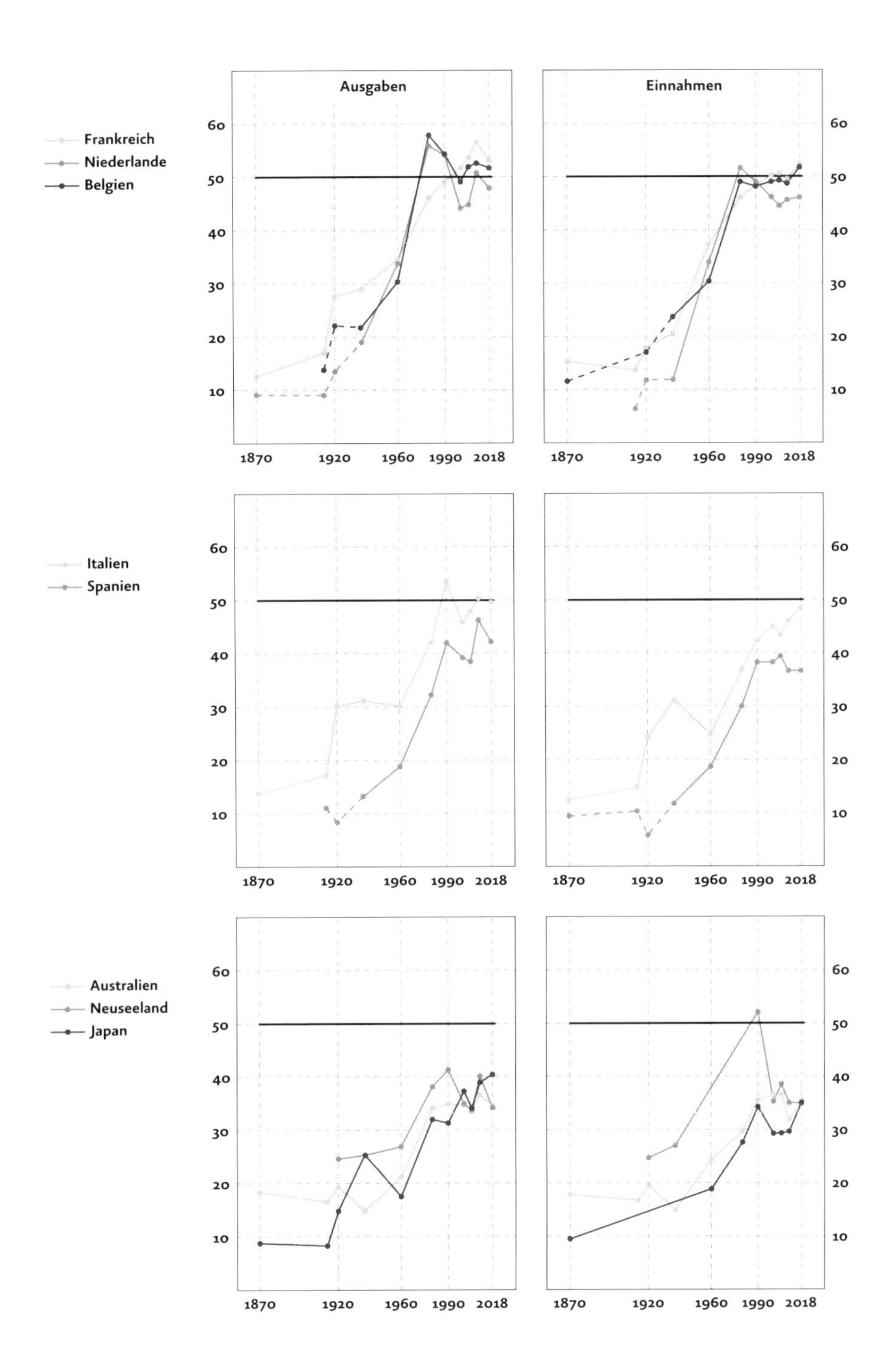

Ausgaben
Einnahmen
Frankreich
Niederlande
Belgien
Italien
Spanien
Australien
Neuseeland
Japan
10
20
30
40
50
60
1870
1920
1960
1990
2018

lande – mit einem signifikanten Rückgang der Staatsquoten bis 2017 zu rechnen ist. Für Griechenland, dessen Staatsquote seit Beginn der Krise bei über 50 Prozent notiert, wäre dies besonders wichtig. Denn eines ist sicher: Die Krise führte Griechenland nahe an die Zahlungsunfähigkeit, die ohne den Bail-out unabwendbar gewesen wäre. Die wegbrechenden Steuereinnahmen trieben die Staatsverschuldung in die Höhe, was durch Konjunkturprogramme weiter beschleunigt wurde. Dieselben Konjunkturprogramme wiederum erhöhten auch die Staatsquote auf bis zu 54 Prozent im Jahr 2009.

Zusammenfassend und schlussfolgernd lässt sich sagen: Stimmt der Zusammenhang, dass Staatsschulden ab einem bestimmten Grad das Wachstum lähmen und dies ebenso für die Staatsquote gilt – und daran ist eigentlich kaum zu zweifeln –, so sind Griechenland und weitere Krisenstaaten, die eine expansive Fiskalpolitik während der Krise betreiben, gleich doppelt negativ betroffen. Die Überschuldung wirkt unmittelbar auf die Kreditwürdigkeit und hemmt das Wachstum des Landes. Eine weiter steigende Staatsquote hingegen ist die Folge keynesianischer Wirtschaftspolitik während der Krise. Sie lähmt das Wachstum zusätzlich durch eine abnehmende private Konsum- und Investitionsneigung, was es noch schwerer macht, der Abwärtsspirale zu entkommen.

Doch nicht nur Krisenstaaten, sondern sämtliche Industrienationen oberhalb der Grenze von 60 Prozent, also beinahe alle, wie wir später sehen werden, können und werden bei mangelnden Konsolidierungsanstrengungen dieser Spirale schon mittelfristig nicht entkommen können.

Abbildung 13 (vorangehende Doppelseite): Historische Staatsquoten und Prognose als Verhältnis der Einnahmen und Ausgaben des Staates am BIP ausgewählter Länder. Angaben in Prozent. Quelle: Eigene Darstellung auf Datenbasis von Tanzi/Schuknecht (2000) und des IMF.

7 Schuldenmachen im staatlichen Kollektiv

Private und staatliche Schulden sind rein finanztechnisch betrachtet dasselbe. Das gilt insbesondere für Obligationen, die vom Staat oder von grossen Konzernen herausgegeben werden. Sie sind beide verbriefte IOU (I owe you). Dennoch sind sie ökonomisch und politisch betrachtet qualitativ total verschieden. Die Gläubiger, also die Käufer der Obligationen, sind in beiden Fällen Personen oder Institutionen, die relativ sichere Vermögensanlagen suchen. Im Falle der privaten Obligationen sind die Emittenten die Schuldner, die persönlich oder institutionell voll haften. Im Endeffekt sind es immer Personen, die als private Eigentümer ihr Geld direkt als Haushalte oder indirekt als Aktionäre oder PK-Mitglieder verlieren könnten. Bei den Staatsobligationen ist der Schuldner oder Emittent ein Kollektiv ohne Haftung oder Verantwortung. Das politische Kollektiv hat in der Regel nur das erzwingbare Recht, für die Verzinsung oder Rückzahlung Steuern zu erheben. Sicherheiten in Form von belehnten oder hinterlegten Assets gibt es keine. Wer also für die Verzinsung oder gar Rückzahlung der Schulden einstehen muss, bleibt völlig offen. Wir werden darauf zurückkommen.

Wenn ich mir als Hobbyschwimmer ein eigenes Schwimmbad leiste, dann muss ich es selbst bezahlen. Wenn ich dafür einen Kredit aufnehme, hafte ich mit meinem ganzen persönlichen Vermögen dafür. Ich alleine trage die vollen Opportunitätskosten und Investitionsrisiken. Wenn ich als Hobbyschwimmer die Gemeindeversammlung vom Bau eines Hallenbads – im öffentlichen Interesse natürlich [sic] – überzeugen kann, dann trage ich selbst, bei einem weit überdurchschnittlichen Nutzen als Schwimmfan, als Steuerzahler nur einen vernachlässigbaren Bruchteil der Kosten. Weil die Budgetrestriktion bestenfalls weicher Natur ist, kann der Gemeinderat auf Antrag anderer Interessenten gleichzeitig auch noch beschliessen, dieselbe Summe nochmals zum Beispiel für die Beleuchtung von Quartierstrassen auszugeben. Am Ende des Jahres konstatiert man ein Defizit und finanziert dieses durch Kreditaufnahme. Wird also das öffentliche Schwimmbad durch Kredite finanziert, werde ich als gegenwärtiger Steuerzahler (vorerst) ganz entlastet. Öffentliche Ausgaben schaffen Allmende, die übernutzt werden. Dies werden wir in der Folge vertiefen.

7.1 Das Collective-Action-Dilemma

Für die Erhöhung der Schuldenquoten wie auch für die zunehmende Divergenz dieser Quoten, vor allem innerhalb des Euroraums, gibt es je eine separate Erklärung.

Die eine Erklärung wird dahin gehen, dass polyzentrische, moderne Demokratien einen Collective-Action-Bias für Defizite und Schuldenanhäufungen aufweisen, selbst wenn alle ihre Wähler im eigenen Verantwortungsbereich finanziell konservativ sind. Individuen können individuelle Entscheide fällen. Aber Kollektive können keine analogen kollektiven Entscheide treffen, weil Kollektive keinen Willen haben und auch keine Konsequenzen übernehmen können oder müssen. Nicht einmal rational müssen Kollektive sein. Ein Kollektiventscheid ist immer die Summe von Einzelentscheiden. Die Folgen jedoch werden «kollektiviert», sodass alle mit dem gleichen Resultat leben müssen oder dürfen. Es entstehen Kollektivgüter im kollektiven Eigentum, das aber rein fiktiv bleibt, weil die Haftung für die Finanzierung bzw. den Schuldendienst nicht vom Kollektiv getragen wird, sondern den nicht direkt zugeordneten Steuerzahlern von heute und morgen aufgebürdet wird. Auf der Ebene des Kollektivs werden nur Entscheidungen festgehalten, und je nach Entscheid werden Strassen beleuchtet oder es wird ein Hallenbad gebaut oder auch nicht. Kollektiventscheidungen sind gemäss dem Arrow-Theorem entweder diktatorisch oder inkonsistent. Kollektive Entscheide können nur als Interaktion von verschiedenen, zum Teil konfliktreichen individuellen Präferenzen verstanden werden. Dabei spielen die institutionellen Arrangements, die Art wie gewählt, lobbyiert, koaliert oder abgestimmt wird, eine entscheidende Rolle. Hinzu kommt der bereits beschriebene Allmendcharakter des staatlichen Budgets. Wie auch immer die Entscheidungen etwa über Infrastrukturprojekte, Ausgaben, Transfers, Subventionen oder Investitionen zustande kommen, die dahinterstehenden Mehrheiten können die Konsequenzen ihrer Entscheide auf die Allgemeinheit abwälzen. Diese Allgemeinheit ist aber keine real existierende Grösse, sondern nur die Gesamtheit aller gegenwärtigen und zukünftigen Steuerpflichtigen. Die Konsequenzen der Kreditfinanzierung von öffentlichen Gütern oder Dienstleistungen fallen bei den einzelnen Mitgliedern der Gesellschaft an, und zwar in sehr unterschiedlicher Höhe, wenn wir nicht von einer hundertprozentigen Gebührenfinanzierung oder einer reinen Kopfsteuer als einziger Steuer ausgehen. Die Entscheide über eine Ausgabe und deren Finanzierung müssen in der Politik nicht mehr simultan getroffen und können in ihren Konsequenzen abgewälzt werden, beispielsweise auf gewisse Steuerzahler der Gegenwart oder alle Steuerzahler der Zukunft. Und diese können den für sie negativen Folgen gar nichts entgegenhalten. Die Steuern sind voraussetzungslos geschuldet. Damit ist die Exit-Variante extrem eingeschränkt. Ich kann der Steuer nur ausweichen, indem ich mich aus der entsprechenden Gemeinschaft verabschiede. Das ist bei der Gemeinde, die Finanzautonomie hat und in Konkurrenz zu anderen Gemeinden steht, noch leicht zu bewältigen. Man kann die Gemeinde als Anbieterin von lokalen öffentlichen Gütern und Leistungen zu einem bestimmten Tax Price sehen. An der Urne stimmen die Leute darüber ab, welche Kombination von Preis-Leistung der Mehrheit am besten gefällt. Und sozusagen mit den Füssen stimmen die Einzelnen darüber ab, wo sie wohnen und damit steuerpflichtig werden wollen. Bei den Kantonen ist dies schon schwieriger, wobei auch hier die Steuerkonkurrenz für Unternehmen, aber auch sehr reiche Haushalte wirksam ist. Auf nationaler Ebene heisst «Exit» dann schon mal auswandern, wozu sich heute viele Franzosen oder Griechen gezwungen sehen.

Vergleichen wir nochmals die Eigentümer von Staats- und Unternehmensobligationen: Letztere mögen riskanter, aber deshalb auch höher verzinslich sein. Bei einem Default des emittierenden Unternehmens – z.B. wegen Überschuldung – trifft es die Obligationäre in Gestalt von Privateigentümern. Aber es trifft natürlich auch die Eigentümer (Aktionäre) des privaten Emittenten, die beim Konkurs im Extremfall alles verlieren. Verschuldet sich jedoch der Staat als Kollektiv und gerät dadurch in eine Finanzkrise, dann wird das Risiko eines Zahlungsausfalls oder einer

Nachfinanzierung vom Kollektiv, das die Entscheidung über die Ausgaben getroffen hat, auf den Steuerzahler abgewälzt. Wagner beschreibt dies zugespitzt folgendermassen: «With business debts, the owners are indebted to someone else. Government debt, however, does not mean that the citizens are indebted to someone else. Rather it means that some of them are indebted to others among them.»[14]

Diejenigen, welche die Staatsschuldenpapiere kaufen, entlasten zumindest vorübergehend diejenigen, die bei ausgeglichenem Budget die höheren Steuern hätten berappen müssen. Im Gegenzug müssen die zukünftigen Steuerzahler für die Schuldenrückzahlung bzw. den Schuldendienst geradestehen. Wer das sein wird, hängt nicht nur davon ab, wer dann überhaupt noch da sein oder wie viel Einkommen erzielen wird, sondern auch davon, wie die Steuergesetze der Zukunft aussehen. Der Staat lebt auf Pump und kann für die Rückzahlung die Steuerpflichtigen von morgen belangen. Dabei wächst natürlich mit steigender Schuldenquote die Unsicherheit, was die negativen Wachstumseffekte und die Verhaltensänderungen beim privaten Konsum und den privaten Investitionen erklärt.

7.2 Der Allmendcharakter von staatlichen Ausgaben und Schulden

Das Collective-Action-Dilemma besteht also darin, dass Individuen bei Wahlen oder Abstimmungen im Rahmen von kollektiven Entscheiden durchaus ihre persönlichen Interessen verfolgen. Zudem führt die Kollektiventscheidung nicht zu einem Marktgleichgewicht, bei dem alle denselben Preis bezahlen müssten, sondern die Finanzierung erfolgt durch Steuern oder Schulden, welche die Einzelnen unausweichlich, aber höchst unterschiedlich treffen. So vielfältig demokratische Abstimmungsverfahren sind, sie enden immer in einem Diktat der Mehrheit, wobei das gewählte Abstimmungsverfahren durchaus ergebnisrelevant sein kann.

Ein zweites grosses Problem ist der Allmendcharakter von staatlichen Ausgaben und Schulden. Öffentliche Güter gehören eigentlich allen gemeinsam, ohne dass das Kollektiv effektiv für die Ausgaben oder Schulden haften würde. Obwohl das Kollektiv als Eigentümerin ja aus allen Individuen besteht, sind die Eigentumsrechte öffentlicher Güter keinem bestimmten Individuum zugeordnet. Damit entsteht eine Allmend mit freiem Zutritt für alle. Bekanntermassen führt dies zur Tragödie der Allmende, indem alle Nutzer ihre Drittwirkungen auf die anderen negieren und das Gut so durch Übernutzung zerstören. Der private Bauer wird nur so viele Weidetiere auf die eigene Wiese treiben, bis die Grenzkosten des letzten Tieres seinem Grenzertrag entsprechen. Derselbe Bauer wird nach demselben Prinzip seine Tiere auch auf die öffentliche Weide schicken, ohne zu berücksichtigen, dass sie den anderen das Gras wegfressen. Weideland mit Allmendeigenschaften wird so schnell zerstört, weil die individuellen Anreize über das soziale Optimum hinausführen. Dies ist die Krux von fehlenden privaten Eigentumsrechten. Die Nobelpreisträgerin Elinor Ostrom hat aber gezeigt, dass die Menschen durchaus lernen können und etwa in Alpgenossenschaften Regeln aufstellen und durchsetzen, die eine Zerstörung durch Übernutzung vermeiden. Alle Mechanismen funktionieren aber nur dann, wenn das Mitmachen in der Genossenschaft freiwillig ist und/oder Zuwiderhandelnde ausgeschlossen werden können. Das ist gerade beim Staat nun aber nicht der Fall. Im Gegenteil sind wir alle als Steuerzahler im Kollektiv gefangen und können weder freiwillig austreten noch unfreiwillig ausgestossen werden. Der Collective-Action-Bias führt dazu, dass Einzelne im Rahmen von demokratischen Kollektiventscheiden ihren privaten Nutzen zu maximieren suchen, indem sie Ausgaben favorisieren, die ihnen besonders viel bringen. Sind die öffentlichen Leistungen dann erbracht worden, bewirkt ihr freier Zugang auf die Allmend eine Übernutzung. Etwas überspitzt lassen sich diese beiden Problembereiche am Beispiel des öffentlichen Verkehrs illustrieren. Hier führen demokratische Entscheidungen über den Ausbau zu einem zu grossen Netz, weil alle regionalen Sonderwünsche so gebündelt werden, dass sie landesweit mehrheitsfähig werden. Ist diese zu grosse Ausstattung erst einmal geschaffen, wird sie wegen des Allmendcharakters erst noch übernutzt, weil ein Teil der Kosten dieser Nutzung abgeschoben werden kann. Dies ist das

Grundproblem des öffentlichen Verkehrs, der einerseits nur etwa zur Hälfte durch die Benutzer finanziert wird, andererseits von Einzelnen gar nicht, aber von anderen extrem stark in Anspruch genommen wird. Wir werden im folgenden Kapitel auf diese sogenannte Tax-Price-Problematik zurückkommen.

7.3 Die institutionalisierte Verantwortungslosigkeit als Konsequenz

Mit den obigen Ausführungen haben wir den Grundstein für unsere Hauptthese gelegt, dass kollektive Entscheidungsmechanismen zum einen und kollektive Eigentumsformen oder Haftungsverhältnisse für die Schulden zum anderen zu systeminhärentem Ausgaben- und Schuldenwachstum führen. Die Präferenz, die eine Mehrheit für öffentliche Ausgaben hat, beruht auch auf der intragenerativen Umverteilung zwischen den Nutzniessern und den Steuerzahlern von heute und auf dem Wissen, an aktuellen und künftigen Kosten als Steuerzahler unterproportional beteiligt zu sein. Die Präferenz dafür, Schulden zu machen, bevor die Steuern erhöht werden, beruht auf der intergenerativen Umverteilung durch die Abwälzung der Schuldenlast auf die zukünftigen Steuerpflichtigen. Die Käufer von Staatsschuldenpapieren entlasten die Steuerzahler von heute und belasten diejenigen von morgen. Man kann dies als einen institutionellen Schwachpunkt der Demokratie bezeichnen, der so gravierend ist, dass die Politik glaubwürdige und wirksame institutionelle Ausgaben- und/oder Schuldenbremsen einbauen muss, um ihn zu überwinden. Die Überalterung in fast allen westlichen Industrienationen wirkt dabei zusätzlich erschwerend. Denn wie bereits weiter oben konstatiert, sind Individuen bei der Bereitstellung von öffentlichen Leistungen ebenso egoistisch wie im privaten Konsum. Dies erklärt die steigende Nachfrage nach Service public, wenn eine wachsende Mehrheit damit rechnen kann, in der Zukunft einen schrumpfenden Finanzierungsbeitrag leisten zu müssen. Sowohl die inter- wie auch die intragenerative Umverteilung ist einer politischen Mehrheit leicht zu vermitteln. Der intergenerative Weg scheint jedoch derjenige des geringsten (politischen) Widerstands zu sein, was sich letztlich vor allem in der langfristigen Schulden- und Steuerpolitik verschiedener Staaten widerspiegelt. Vor die Wahl gestellt, intragenerative oder intergenerative Umverteilungen vorzunehmen, werden Politiker im Normalfall auf intergenerative setzen. Denn die Intransparenz und Unsicherheit über die effektiven Belastungen sind hier eindeutig noch grösser.

Eines ist schliesslich «todsicher»: Man wird auf keinen Fall selbst zur nächsten oder übernächsten Generation gehören.

8 Theoretische Analyse der öffentlichen Schuldenproblematik

8.1 Functional Finance und das Medianwähler-Modell

Diese Tragödie der durch demokratische Mehrheitsentscheide geschaffenen und übernutzten Allmende kann allerdings durch zwei theoretische Tricks ausgehebelt werden. Beide laufen darauf hinaus, den Staat letztlich doch wieder wie einen individuellen Akteur zu analysieren. Der erste Ansatz ist makroökonomischer, der zweite mikroökonomischer Natur. In der sogenannten Functional Finance im Sinne des Keynesianismus wird eine allwissende und das Allgemeinwohl vertretende Regierung vorausgesetzt, welche die politisch bestimmten Staatsausgaben und -einnahmen in ein makroökonomisches Gleichgewicht bringen soll. Somit ist nicht mehr das Budget bzw. das Defizit entscheidend, sondern Vollbeschäftigung oder die volle Ausschöpfung des potenziellen Outputs einer Volkswirtschaft. Der wohlwollende Vater Staat muss seine Ausgaben durch eine Mischung aus Steuern und Verschuldung finanzieren, sodass die Gesamtnachfrage des privaten und des öffentlichen Sektors die produktiven Ressourcen voll beschäftigt, aber nicht überfordert.

Damit steht Functional Finance im krassen Gegensatz zu Sound Finance. Die Staatsführung muss oder darf nur so viel Steuern eintreiben, dass die Gesamtnachfrage nicht den potenziellen Output übersteigt und somit Inflation produziert. Je schwächer die private Nachfrage, desto tiefer die Steuern und desto höher die Ausgaben und die resultierende Verschuldung. Functional Finance beruht auf der ökonomischen Vorstellung einer instabilen, zu Unterbeschäftigung neigenden Marktwirtschaft, die durch geld- und finanzpolitische Gegensteuerung zu stabilisieren ist. Das ist kruder saldenmechanischer Keynesianismus, bei dem der Budgetausgleich kein Ziel mehr ist, sondern eine Residualgrösse ohne Bedeutung. Politisch beruht diese Sicht auf der makroökonomischen Planbarkeit und einer entsprechenden Regierung, die weiss, was zu tun ist, und die über alle Mittel zur Verwirklichung ihres Plans verfügt. Mit jeder wirtschaftlichen

Krise erhält diese theoretisch längst überholte und empirisch nie erfolgreiche Lenkungs- oder gar Feinsteuerungsideologie neuen Zulauf durch einen Teil der Ökonomen und vor allem durch Interessenvertreter, die von Stimulierungsprogrammen profitieren. So falsch die krude keynesianische Makroökonomie im Urteil der modernen Forschung und im Lichte von Public Choice auch sein mag, so unverrückbar steht in jedem Lehrbuch für Volkswirtschaftslehre auch heute noch die an sich harmlose, weil identische Gleichung:

$$Y = \underbrace{c_0 + c_1 (Y-T)}_{C} + I + G + (X-M)$$

Wenn die Studierenden (fast) alles vergessen haben, was sie je gelernt haben, diese Gleichung und vor allem ihre wissenschaftlich absolut ungerechtfertigte wirtschaftspolitische Interpretation vergessen sie nie. Wenn die privaten Konsum- und Investitionsausgaben C und I zu klein sind (weil der private Sektor zu viel spart), dann muss (bei geschlossener Wirtschaft oder ausgeglichenem Aussenhandel ($X-M = 0$) der Staat entweder seine Ausgaben G erhöhen oder seine Steuern T senken (oder beides zusammen). Die Identität wird also kausal interpretiert und das Defizit mit der Vollbeschäftigung legitimiert.

Obwohl alle Studierenden (hoffentlich) in der Mikroökonomie auch gelernt haben, dass die Märkte ohne Staatseingriffe zu einem Gleichgewicht tendieren und das Sparen die Grundlage für die Kapitalbildung und damit das langfristige Wachstum ist, verfallen sie dem irrigen Kurzschluss, dass dies in Krisen gerade nicht mehr gelte. Und so greift der Staat mit breiter öffentlicher und leider sogar auch wissenschaftlicher Unterstützung bei jeder geringfügigen Konjunkturdelle und selbst bei prognostizierten Flauten expansiv fiskal- und geldpolitisch ein. Damit trägt er munter zur grossen Blasen- und Krisenbildung bei. Man vermeidet kurzfristig kleinere Krisen und programmiert gleichzeitig grosse Krisenszenarien vor. Das zur Ankurbelung der Konjunktur bereitgestellte Geld wandert indirekt über den Konsumenten zum Produzenten, der es (insbesondere in Krisenzeiten) in der Regel produktiv für sich wirtschaften lassen möchte. Die zusätzlich geschaffene Liquidität im Markt führt bei gleichbleibenden Investitionsmöglichkeiten aber zu einem massiven Überangebot an Kapital, das verzinst werden möchte. Die Folgen sind zum einen risikoreichere Investitionsprojekte und zum anderen eine Beschleunigung der Preishausse auf bestehenden Assets, die es ohne staatliche Liquiditätshilfe nicht gegeben hätte.

Die Schweiz lag in der letzten Krisenphase geldpolitisch ganz auf der Linie der EZB und des Fed, allerdings mit dem wichtigen Unterschied, dass sie nur die UBS finanziell direkt unterstützte, nicht aber den Staat durch Aufkauf von Staatstiteln. Fiskalpolitisch blieben wir in der Schweiz erstaunlich cool und abstinent. Dies beruhte zum Teil auch darauf, dass die Binnenkonjunktur durch eine neuerliche Immobilienblase und den Optimismus der Konsumenten angesichts von Einkommenssteigerungen und niedriger Arbeitslosigkeit stark blieb. Es könnte uns aber sehr wohl und sehr rasch mit Verspätung konjunkturell auch noch erwischen, umso mehr, als der Finanzplatz von aussen akut bedroht erscheint und die Schweizer Politik noch nie dagewesene Volksinitiativen-Salti probt. Diese bedrohen uns nicht nur konjunkturell, sondern institutionell – und damit steigt die strukturelle Unsicherheit in der Schweiz dramatisch an. Von den neuerlichen Regulierungsvorhaben betroffen sind die dafür klassischen Märkte. Neben mittelfristig sehr viel strengeren Richtlinien auf dem Schweizer Finanzplatz ist auch eine zunehmende Verschärfung der Personenfreizügigkeit oder sogar deren Abschaffung eine akute Bedrohung, dies insbesondere für den Werkplatz Schweiz. Extrem gefährlich sind auch die punktuellen, aber gravierenden Eingriffe in den Arbeitsmarkt und in die Einkommensverteilung, die durch diverse Volksbegehren angestrebt werden.

Der zweite Trick, den Staat als homogenen Akteur erscheinen zu lassen, ist das Medianwähler-Modell, bei dem der Medianwähler analog zum repräsentativen Haushalt in der Mikroökonomie zum repräsentativen Wähler in der politischen Ökonomie wird. Der Medianwähler ist diejenige Person, die in der Einkommensverteilung genau gleich viel Einkommensbezüger über wie unter sich hat. Wegen der schiefen Einkommensverteilung ist das Medianeinkommen deutlich niedriger als das

Durchschnittseinkommen. Alles, was budgetrelevant geschieht, entspricht dem Willen dieses eingemitteten Medianwählers und ist somit demokratisch legitimiert. Der Medianwähler repräsentiert analog zum repräsentativen Konsumenten oder Unternehmen im Markt das politische Kollektiv. Für einzelne Entscheide mag dies durchaus ein sinnvolles Modell sein, aber für das Zustandekommen des Gesamtbudgets ist es unbrauchbar, denn im Prinzip gibt es für jede Ausgabenkategorie und jede Einnahmenquelle verschiedene Medianwähler. Das Parlament stimmt wohl zu Beginn des Jahres über ein Gesamtbudget ab. Doch das effektive Ergebnis am Jahresende resultiert aus Hunderten von Einzelentscheiden mit verschiedenen Medianwählern.

Das Medianwähler-Modell lässt sich mit der Functional Finance so kombinieren, dass der Medianwähler zuerst alle Staatsaufgaben definiert und die Einzelentscheide in den verschiedenen Ausgabenkategorien trifft, die dann zu den Gesamtausgaben addiert werden. Der weise Keynesianer an der Spitze des Staates setzt anschliessend das Niveau des auch vom Medianwähler bestimmten Steuersystems (z.B. Progressionsverlauf) so an, dass ein Defizit oder Überschuss resultiert. Das Defizit wird makroökonomisch voll funktionalisiert, und zwar im Hinblick auf das Ziel der Vollbeschäftigung. Wenn die private Nachfrage tendenziell und strukturell zu schwach ausfällt, muss der Keynes-Nachfolger an der Staatsmacht Jahr für Jahr ein Defizit akzeptieren und sich neu verschulden. So scheint der Kessel technokratisch perfekt geflickt. Der Medianwähler entscheidet demokratisch über die Höhe der Ausgaben und somit die optimale Staatsquote, während die keynesianisch geschulte Regierung die Steuern so ansetzt, dass die Volkswirtschaft im Gleichgewicht bei Vollbeschäftigung ankommt. Die Schuldenquote wird damit vollständig instrumentalisiert und endogenisiert. Und wir haben einmal mehr eine theoretisch saubere Erklärung ohne Collective-Action- oder Allmendprobleme! Eine extreme Version des Keynesianismus stammt von Abba P. Lerner (1946), der nicht nur die Höhe des Defizits als irrelevant taxiert, sondern auch die Höhe der Schulden. Die Argumentation ist einfach, aber einfältig: «We owe it to ourselves» heisst sein Credo. Der ganze Schuldenberg kann keine

Last sein, weil ihm auf der Aktivseite doch ein exakt gleich hoher Vermögenswert der Obligationäre gegenübersteht. Abgesehen davon, dass dies für Auslandschulden nicht stimmt, übersieht Lerner, dass die Eigentümer der Staatsschuldenpapiere ganz andere Menschen sind als die Steuerzahler. Richtig ist daher nicht «We owe it to ourselves», sondern «einige unter uns schulden es anderen unter uns».

Mit anderen Worten, die Staatsverschuldung bewirkt gewaltige Umverteilungen zwischen Steuerzahlern von heute und morgen und Eigentümern von Staatstiteln von heute und morgen. Im Falle des Keynesianismus fallen immer wieder Defizite an, weil das makroökonomische Gleichgewicht durch zusätzliche Staatsausgaben und Defizite hergestellt werden muss. In der Zielvorstellung der Keynesianer ist die Vollbeschäftigung oder das Wirtschaftswachstum entscheidend, das auf keinen Fall nachfrageseitig begrenzt werden darf. Das resultierende Budgetdefizit ist dann nur noch eine Residualgrösse ohne Zielcharakter. Dass damit die Schulden absolut und relativ zum BIP ansteigen, wird in Kauf genommen. Momentan erleben wir eine Renaissance dieser Überlegungen im Zusammenhang mit der Kritik an der Austeritätspolitik. Ob der Keynesianismus je funktioniert hat, kann offengelassen werden, hier und heute ist er aber sicher keine Lösung mehr. Die hohen und steigenden Staatsschulden würgen mehr private Nachfrage ab, als sie im Erstrundeneffekt zu erzeugen vermögen.

Demgegenüber besagt die simple Interpretation des Medianwähler-Modells, dass die Politiker ja nur das umsetzen, was der Medianwähler will. Die demokratische Legitimation erscheint dem ökonomischen Gleichgewicht dabei übergeordnet. Wie wir in früheren Kapiteln gesehen haben, sind jedoch alle Steuern und Ausgaben des Staates mit Umverteilung verbunden. Deshalb ist a priori mit widersprüchlichen kollektiven Entscheidungen über diese Steuern und Ausgaben zu rechnen. Sowohl für den Keynesianismus wie auch für das Medienwähler-Modell fehlt eine positive polit-ökonomische Analyse des institutionellen Umfeldes, das für kollektive Entscheidungen zentral ist. In Analogie zur atomistischen, vollständigen Konkurrenz auf dem Markt kann man zwar versuchen, eine Nachfragefunktion des Medianwählers für öffentliche Güter und Dienstleistungen abzuleiten, doch gleich von Beginn weg gibt es dabei ein grösseres Problem. Die Nachfrage des Medianwählers bezieht sich z.B. auf öffentliche Sicherheit, auf qualitativ gute Schulbildung oder auf Rechtssicherheit – dies sind letztlich alles Outputs. Doch der Staat beschafft dafür Polizisten, Lehrer, Gerichte – also alles Inputs. Wie produktiv diese Inputs wirklich sind, hängt von anderen privaten oder politischen Faktoren ab. Von der freiwilligen Abstinenz von Kriminalität zum Beispiel, vom Einsatz der Eltern oder von der Unabhängigkeit und der Reputation der Richter. Gerade die Studien zum internationalen Vergleich der Schulleistungen zeigen klar auf, dass die Korrelation zwischen der Höhe der staatlichen Aufwendungen für das Schulwesen und der gemessenen Leistung der Schüler schwach bis inexistent ist. Dies zeigt sich beispielsweise im Vergleich zwischen Finnland und der Schweiz. Finnland führt die internationale Rangliste der Pisa-Studien bei den Schulleistungen der Volksschüler regelmässig an, obwohl dieses Land keinen Spitzenwert bei den Ausgaben pro Schüler aufweist. Diese Ausgaben wiederum sind in der Schweiz sehr hoch, doch die nur mittelmässigen Leistungen der Schüler hinken dem hohen Aufwand deutlich hinterher.

8.2 Der polit-ökonomische Ansatz: Marktpreise versus Tax Prices, Umverteilung und Fiskalillusionen

Unsere polit-ökonomisch fundierte Grundthese orientiert sich zwar am Medianwähler-Modell, weist diesem gegenüber jedoch einige entscheidende Unterschiede auf. In jeder Form von Demokratie versuchen die Politiker, Stimmen für die Wiederwahl oder einen Sieg bei Sachabstimmungen zu «kaufen», indem sie bestimmten Klientelen oder Interessengruppen regional-, branchen-, alters- und geschlechtsspezifische Spezialvorteile versprechen. Solche Versprechungen sind populär. Doch die Einforderung von entsprechend hohen Steuern, um diese Spezialausgaben zu finanzieren, ist mit deutlich mehr Widerständen verbunden. Aus diesem Ungleichgewicht resultiert eine systeminhärente Tendenz zu Budgetdefiziten. Die Defizite zwingen den

Staat dazu, Obligationen am Markt zu platzieren, wobei die Kapitalmärkte risikogerechte Zinsen bzw. Renditen erzwingen sollten. Dies funktioniert bei Staatsobligationen weniger gut als bei Bonds privater Firmen, weil die Staatsgarantie, die hinter dieser Schuld steht, das Risiko in den Augen der Gläubiger geradezu zu eliminieren scheint. Lange Zeit galt denn auch die Rendite der US-Bonds, also der sogenannte risikolose Ertrag, als Benchmark für alle übrigen mehr oder weniger riskanten Finanzanlagen. Gerade kleinere Länder wie etwa Griechenland haben ihre Überschuldungsprobleme früher im Rahmen von politischen Konjunkturzyklen so gelöst, dass zuerst die Zentralbank die staatlichen Bonds mit neu gedrucktem Geld aufkaufen musste. Daraus entstand eine Inflation, die zu einer Krise mit einer Währungsabwertung und Arbeitslosigkeit führte. Dadurch verlor die Drachme zwischen 1953 und 1998 um den Faktor 10 an Wert gegenüber dem Dollar. Wenn der Schweizer Franken in demselben Zeitraum um etwa das 4- bis 5-Fache gegenüber dem Dollar an Wert gewonnen hat, muss das sehr viel mit dem politischen System bzw. der politischen Kultur zu tun haben. Die Versuchung, mehr auszugeben, als eingenommen wird, ist natürlich auch in der Schweiz vorhanden. Aber offensichtlich gibt es bei uns wirksame institutionelle Bremsen. In Kapitel 9 werden wir darauf zurückkommen.

Im Folgenden werden die wichtigsten polit-ökonomischen Gründe für das expansive Ausgabenverhalten in Demokratien erklärt und kommentiert. Gemeinsam ist diesen Erklärungsansätzen eines: Wir gehen dabei nicht von einem theoretischen Gemeinwohl – wie das auch immer definiert sei – aus, sondern von Klientelen politischer Parteien oder Parlamentariern, die nach gruppenspezifischen Vorteilen streben und diese über das Budget des Staates zu finanzieren versuchen. Das Medianwähler-Modell unterstellt eine eindimensionale Skala von Präferenzen für Staatsausgaben. Unser Modell hingegen geht von einem polyzentrischen Machtsystem mit multidimensionalen Interessen und widersprüchlichen Prioritäten aus. Dabei gibt es so viele Medianwähler, wie es politische Entscheidungen gibt. Die Staatsausgaben sind in dieser Perspektive keine öffentlichen Güter mehr, sondern private Güter (allenfalls Clubgüter) zugunsten ganz bestimmter Individuen und Gruppen. Die Finanzierung über allgemeine Steuern führt dazu, dass diese Privilegien automatisch zulasten anderer Gruppen gehen. Weil der Medianwähler jedoch wesentlich weniger verdient als der Durchschnitt und es normalerweise eine Steuerprogression gibt, wird auf der Einnahmenseite der Steuertarif demokratisch so bestimmt, dass die untere Einkommenshälfte automatisch und fast immer von der Umverteilung aus dem Staatsbudget profitiert. Wir sprechen hier von subventionierten Steuerpreisen oder Tax Prices für die erbrachten Leitungen. Die Schweizerischen Bundesbahnen (SBB) zum Beispiel erwirtschaften nur etwa 40 Prozent ihrer Einnahmen aus bezahlten Leistungen der Benutzer. Der Marktpreis des Bahnverkehrs entspricht somit nur 40 Prozent des tatsächlichen Preises. Die fehlenden 60 Prozent werden von den Automobilisten und den Steuerzahlern berappt. Im Gesundheitswesen läuft die Sache nur auf den ersten Blick anders. Zwar muss dort jeder im Rahmen einer obligatorischen Krankenversicherung risikogerechte Prämien bezahlen, doch mittlerweile werden bereits 2,25 Millionen Personen und damit knapp 30 Prozent der Bevölkerung staatlich subventioniert, wobei dieser Anteil kantonal recht stark schwankt. Während die Bezügerquote im Kanton Basel-Landschaft bei lediglich 21,9 Prozent lag, kam der Kanton Appenzell Innerrhoden auf einen Rekordwert von 43,8 Prozent.[16] Zudem werden die Defizite der öffentlichen Spitäler den kantonalen Steuerzahlern aufgebürdet, wobei der Medianwähler auch hier in vielen Kantonen nicht mehr spürbar zur Kasse gebeten wird. Wenn, wie in der Schweiz, der Medianwähler immer älter wird, muss man sich auch nicht wundern, dass die Sozialausgaben derart alterslastig sind. Diese offenen Rechnungen werden zukünftigen Generationen hinterlassen, die entweder noch nicht einmal geboren oder noch nicht stimmberechtigt sind. Der Mittelstand setzt sich dagegen ziemlich erfolgreich zur Wehr, indem er statt Ausgaben angeblich soziale Steuerabzüge durchbringt, von denen die Besserverdienenden stärker profitieren.

Unser Erklärungsansatz lässt erwarten, dass eine zunehmende Ungleichheit in der Verteilung der Einkommen zu mehr Staatsausgaben führen wird und zu einer zunehmenden Steuerprogression und/oder einer Steuerbefreiung von immer grösseren Schichten am unteren Ende der Einkommensskala. Im Extremfall ist eine Situation denkbar, bei der die unteren 51 Prozent gar keine Steuern mehr bezahlen, aber munter weitere defizitfinanzierte Ausgabenexpansionen beschliessen. Gerade in den USA hat man diese Gefahr bei der Staatsgründung klar gesehen und die politischen Rechte mit Eigentum bzw. Steuerpflicht verknüpft. Es ist sicher nicht unerheblich, dass auf Kantonsstufe in der Schweiz im Jahr 2009 mit etwa 64 Prozent[17] fast zwei Drittel der Stimmberechtigten auch steuerpflichtig sind, während dies auf Bundesebene nur noch für 47 Prozent, also für weniger als die Hälfte der Stimmberechtigten, gilt. Gleichzeitig stemmt allein das oberste Prozent der Einkommensbezüger knapp 40 Prozent des gesamten Steueraufkommens, die obersten 10 Prozent tragen insgesamt sogar 75 Prozent der Steuerlast. Das nennt man eine Reichtumssteuer.

Wichtig ist zudem die Tatsache, dass die Einkommensdifferenzen innerhalb der unteren Einkommenshälfte schrumpfen, in der oberen Einkommenshälfte jedoch zunehmen. Beide Entwicklungen legen neue Kräfte frei, die tendenziell auf noch mehr Umverteilung hinwirken. Mit der Angleichung der Einkommen am unteren Ende nähern sich auch die Interessen an, während die Solidarität innerhalb der Gruppe der oberen Einkommen abnimmt, weil dort die Unterschiede grösser werden.

Die immer wieder bemühte Lohnschere geht vor allem bei den Top-Verdienern auseinander. Ein Professor und ein Top-Manager gehören beide zu den obersten 10 Prozent, obwohl der Manager mit 2 Millionen zehnmal mehr verdient als der Professor mit seinen jährlich 200 000 Franken. Dieses Auseinanderklaffen am oberen Ende der Einkommensskala erklärt die geringe Solidarität unter den Reichen, was politisch weidlich gegen die absoluten Spitzenverdiener ausgenützt wird. So will Präsident François Hollande in Frankreich die Einkommen, die über 1 Million Euro liegen, mit 75 Prozent besteuern. In der Schweiz verlangt eine Initiative die Einführung einer gesamtschweizerischen Erbschaftssteuer mit einem Grenzwert von 2 Millionen Franken. Weitere Initiativen sollen ein bedingungsloses Grundeinkommen von 2500 Franken pro Monat und Person oder einen Mindestlohn von 4000 Franken garantieren.

Im unteren Mittelstand ist es gerade umgekehrt. Armut wird seltener oder konzentriert sich auf vorübergehende Lebensphasen von Menschen, die über den gesamten Lebenszyklus hin gesehen nicht arm waren oder bleiben werden. Zudem hat der Sozialstaat seine Leistungen für die Erwerbsunfähigen und Erwerbsunwilligen stark angehoben und auch die Gewerkschaften wirken mit vertraglichen Mindestlöhnen darauf hin, den Abstand zu den qualifizierteren Arbeitnehmenden ständig zu verringern. Die Nivellierung der Einkommen in der unteren Hälfte der Einkommensverteilung erleichtert die Bildung von Koalitionen unter Anspruchsgruppen, die zwar unterschiedlich sind, sich aber vereint gegenseitig Vorteile verschaffen können. Dies erklärt auch, warum so viel oder immer mehr Umverteilung in der Mitte stattfindet.

Alle diese skizzierten Verhaltensmodelle gehen davon aus, dass sich wechselnde Mehrheiten zulasten von wechselnden oder gleichbleibenden Minderheiten Renten verschaffen (Rent Seeking), die auf dem Mehrheitswahlrecht oder der Mehrheitsabstimmung basieren. Erleichtert wird dies durch den Umstand, dass eine Koalitionsbildung auf der Ausgabenseite viel leichter möglich ist als beim Widerstand gegen die Steuererhöhungen auf der Einnahmenseite.[18]

Aus polit-ökonomischer Sicht sind Regulierung, Steuerprivilegien oder Subventionen letztlich Substitute. Das oben beschriebene Rent Seeking hat deshalb oft nicht nur direkte Zahlungen in Form von Subventionen, sondern auch Steuerprivilegien und interessanterweise auch Regulierungen zum Ziel. In vielen Fällen beschränken Regulierungen die Konkurrenz, sodass sie einer Branche, die sich zwar öffentlich lautstark wehrt, in Tat und Wahrheit ganz gelegen kommen und auch aktiv nachgefragt werden. Am Beispiel der Landwirtschaft kann anschaulich gezeigt werden, wie Regulierungen, Steuerprivilegien und Subventionen zusammenwirken. So machen die im Budget ausgewiesenen Subventionen an die Landwirtschaft in der Schweiz nur etwa die Hälfte der gesamten staatlichen Unterstützung dieser Branche aus. Der Rest geht auf Steuerbefreiungen, etwa bei den Treibstoffabgaben, auf regulatorische Eingriffe an der Grenze oder in der Produktion (z.B. GVO-Verbot) zurück. Dieselbe Politik scheint sich nun ein paar Jahrzehnte später im Schatten der Energiewende und der Cleantech-Förderung zu wiederholen. Auch hier wird mithilfe von Regulierungen, Steuerabzügen (Tax Expenditures) und Subventionen eine ganze Branche alimentiert, die nicht nur finanziell unterstützt, sondern auch vor dem Wettbewerb geschützt werden soll. Der Verdacht liegt nahe, dass gerade in der Schweiz, wo die Ausgaben- und Schuldenbremsen gut funktionieren, dafür die Schleusen für flächendeckende Regulierungswellen viel weiter geöffnet werden als anderswo. Weil die daraus entstehenden Kosten nicht budgetiert und rapportiert werden müssen, können die langfristigen volkswirtschaftlichen Kosten der Überregulierung weitgehend unbemerkt steigen. Angesichts des starken Steuerwiderstands der Bevölkerung, der sich im Steuerwettbewerb der Kantone, in den Referendumsmöglichkeiten und in der gesetzlich verankerten Schuldenbremse manifestiert, wirkt es zunächst paradox, dass die Überregulierung zu einer zusätzlichen Quelle höherer Steuerbelastung werden kann. Doch weil dies ein schleichender Prozess ist, werden die Konsequenzen von der Masse der Bürger gar nicht wahrgenommen. Während der Widerstand gegen offene Steuererhöhungen in der Bevölkerung stark verankert ist, gibt es gleichzeitig eine Tendenz zur Wettbewerbsfeindlichkeit und eine breite Sympathie der Regulierung gegenüber. Nicht zuletzt ist dies auf die hohe Verbandsdichte in unserem Land zurückzuführen und auf das Instrument der institutionalisierten Vernehmlassung.

Einen Gegenentwurf zum Medianwähler-Modell haben unter anderem Anthony Downs und Mancur Olson mit ihrem Ansatz entwickelt. Sie gehen von kleinen, aber politisch effizienten Interessengruppen aus. Tatsächlich steht diese Vorstellung nicht im Widerspruch zu unserem auf dem Mehrheitsprinzip basierenden Modell, sondern sie ergänzt dieses.

Wäre die Landwirtschaft immer noch zur Hälfte an der Wertschöpfung beteiligt, wäre eine Unterstützung in der heutigen Höhe völlig undenkbar. Hätten wir einen ganz anderen Altersaufbau mit vielen Jungen und wenigen Alten, so wäre die aktuelle Umverteilung von Jung zu Alt ebenso unvorstellbar. Im ersten Fall folgt die Organisation der Interessen dem Ansatz von Olson, im zweiten gilt das Medianwähler-Prinzip. Beide können auch zu einem verschmelzen, weil sich bei genügender Komplexität der Probleme die organisierten Interessen dank faktischen Informationsmonopolen leicht Mehrheiten an der Urne beschaffen können. Sowohl in der Agrarpolitik als auch bei der Energiewende scheint sogar eine Mehrheit der Bevölkerung hinter diesen klar definierten und abgrenzbaren Sonderinteressen zu stehen. Dafür gibt es ein ganzes Spektrum von Erklärungen, das von rationaler Uninformiertheit am einen Ende bis zu kollektiver Hysterie am anderen Ende reicht. Gerade in einer halb-direkten Demokratie wie der Schweiz operieren die Sonderinteressen sehr geschickt mit der öffentlichen Meinung. Die Linken und die Gewerkschaften hantieren mit dem ökonomisch unfassbaren Begriff des Service public, primär, um den öffentlichen Dienst bzw. die dort Beschäftigten vom Wettbewerb abzuschirmen oder sonst wie zu verwöhnen.[19] Die Landwirtschaftslobby wiederum ist besonders kreativ im Erfinden öffentlichkeitswirksamer Schlagworte wie Multifunktionalität, Ernährungssouveränität oder Biodiversität. Beim Bio-Hype werden sie von unseren Grossverteilern zudem medial in einer geradezu grotesken Art und Weise unterstützt, was den Verdacht nahelegt, diese seien mehr an ihren hohen Margen als an tiefen Preisen für die Konsumenten interessiert. Auch im Rahmen der Energiewende werden einer breiten Öffentlichkeit äusserst geschickt Illusionen angedreht, indem z.B. schon der Begriff Cleantech sympathisch wirkt, ebenso wie Fair Trade – obwohl beide Begriffe die grosse Mehrheit der übrigen Industrie oder Händler als Schmutzfinken oder Ausbeuter diffamieren. Deshalb wollen (fast) alle Teil von Cleantech oder Fair Trade sein.

Derartige Fehlinformationen oder gar Manipulationen der öffentlichen Meinungen werden durch einen weiteren Faktor stark erleichtert, die sogenannte Fiskalillusion. Diese scheint dafür zu sorgen, dass Tax Prices von öffentlichen Leistungen systematisch unterschätzt werden. Schuld daran ist die Komplexität der Steuerstruktur, die Überwälzungsmechanismen verbirgt und dazu verleitet, Schuldenlasten zu unterschätzen. Die meisten Stimmbürger glauben fest daran, dass Unternehmenssteuern sie nicht belasten, ebenso wenig wie etwa Vermögenssteuern. Dabei wird gerade die Gewinnbesteuerung von Unternehmen weitestgehend auf die Arbeitnehmer und auf die Konsumenten abgewälzt. Dennoch ist sie in demokratischen Ausmarchungen mehrheitsfähig. Genau wie die Transaktionssteuer auf Finanzgeschäften, die im Rahmen der EU vorgesehen ist. Diese wird befürwortet, weil die grosse Mehrheit glaubt, sie belaste den Bankensektor und nicht die Bankkunden, was in Tat und Wahrheit nicht der Fall ist! Und Bankkunden sind wir fast alle.

Gerade in der Schweiz konnte sich der Sozialstaat wohl nur deswegen so rasch in die Tiefe und in die Breite ausdehnen, weil in Bezug auf die Sozialversicherungsbeiträge eine «Arbeitgeberillusion» vorherrscht, obwohl sehr leicht zu zeigen ist, dass für den Arbeitgeber nur der Bruttolohn relevant ist. Wie viel davon an die AHV und wie viel an den Arbeitnehmer ausbezahlt wird, ist ihm völlig gleichgültig. Wir können also alle Sozialversicherungsbeiträge bei gleichem Bruttolohn dem Arbeitnehmer aufbürden, ohne diesen mehr zu belasten. Sein Verhalten würde sich dadurch zwar nicht im Markt, aber sehr wohl an der Urne ändern.

Diese Form von Fiskalillusion entsteht leider auch im Föderalismus, trotz des Steuerwettbewerbs, dessen Wirkung wir schon mehrmals als segensreich hervorgehoben haben. Im Zentrum steht hier der vertikale Finanzausgleich. Wenn der Bund etwa den Strassenbau der Kantone mitfinanziert, werden diese die Grenzkosten dieses Baus unterschätzen und zu viele Strassen bauen. Wenn der Kanton Schulhäuser und Mehrzweckhallen der Gemeinden mitfinanziert, werden entsprechend zu viele derartige Gebäude erstellt, wiederum, weil die Gemeindesteuerzahler sich in der Einschätzung des wahren Tax Price täuschen. Durch neue Modelle des Finanzausgleichs wurden solche Verzerrungen zwar reduziert, aber nicht vollständig eliminiert. Gleichzeitig kann selbst der viel gerühmte horizontale, ressourcenbasierte Finanzausgleich und der Lastenausgleich zwischen den Kantonen sehr wohl negative Anreize für die kantonalen Steuerzahler in den Empfängerkantonen setzen. Er schwächt den Druck, sich kantonsintern anzupassen, sodass die als vorübergehend gedachten Transfers mit steigender Tendenz permanent werden.

Aus polit-ökonomischer Perspektive lässt sich das Grundproblem wie folgt zusammenfassen: In einem Markt bildet sich ein Gleichgewicht aus Angebot und Nachfrage mit einem einheitlichen Marktpreis. Dieser Preis lässt alle Anbieter zum Zuge kommen, deren Kosten tiefer sind als der Marktpreis und alle Nachfrager, deren Zahlungsbereitschaft höher ist. Das ist die Bedingung für die effiziente Zuteilung knapper Güter und Dienstleistungen. Im öffentlichen Sektor hingegen bestimmen Anbieter und Nachfrager in kollektiven Entscheidungen im politischen Prozess über die zur Verfügung gestellten Mengen und über deren Finanzierung durch Gebühren oder Steuern. Weil der Nutzen für verschiedene Individuen unterschiedlich ist und auch die Finanzierungsbeiträge mindestens ebenso ungleich verteilt sind, zahlt jede Bürgerin und jeder Bürger einen unterschiedlichen Tax Price für ein bestimmtes kollektives Versorgungs- oder Leistungsniveau. Daraus resultiert das pure Gegenteil von Effizienz. Ob es verteilungsgerecht ist, bleibt grundsätzlich offen, weil (Verteilungs-)Gerechtigkeit analytisch nicht fassbar ist. Fest steht hingegen, dass sich aufgrund der Intransparenz die tatsächlichen Steuereinnahmen und deren Verwendung nicht mit den Präferenzen der Mehrheit der Stimmbürger decken müssen. Erschwerend kommen systemimmanente Verzerrungen bei kollektiven Entscheidungen und Nutzungen hinzu. In der Summe sorgen all diese Effekte dafür, dass Ausgaben und Schulden tendenziell wachsen. Es braucht verbindliche Regeln und institutionelle Mechanismen, um dieses Wachstum in Schranken zu halten.

9 Die Schweizer Staatsverschuldung im internationalen Vergleich

9.1 Gute Noten für die schweizerischen Ausgaben- und Schuldenquoten

Die Abbildung 14 gibt einen globalen Überblick über die weltweite staatliche Verschuldung. Dabei wurde aus Gründen der internationalen Vergleichbarkeit der Schuldenbegriff der OECD und nicht die weitreichenderen Maastricht-Kriterien verwendet. Besonders auffällig, wenngleich wenig überraschend, ist die Tatsache, dass mit Ausnahme von Japan, das eine Rekordverschuldung von 220 Prozent am BIP aufweist, sämtliche Länder, deren Überschuldung 80 Prozent übersteigt, in Europa oder Nordamerika liegen.

Dabei herrscht in Bezug auf die Höhe der Staatsverschuldung grosse Heterogenität. Die Schweiz steht mit einer Verschuldung um 35 Prozent sehr gut da. Ebenfalls positiv sind die Situationen der skandinavischen Länder Norwegen, Schweden und Finnland zu bewerten, deren Schuldenstand jeweils unter 60 Prozent liegt. Es folgen weiterhin noch positiv Deutschland, Dänemark sowie einige Balkanstaaten mit einer Verschuldung zwischen 60 bis 70 Prozent. Österreich markiert mit 70 bis 80 Prozent den Grenzfall. Im kritischen Bereich befinden sich neben Grossbritannien neuerdings auch Spanien, die Niederlande und Kanada. Belgien und die USA liegen zwischen 100 und 110 Prozent, Frankreich folgt mit 115 Prozent. Europas absolute Spitzenreiter sind Italien mit 124, Portugal mit 127 Prozent sowie Griechenland mit über 180 Prozent Verschuldung gemessen an der Wirtschaftsleistung.

Abbildung 14: Übersicht der Staatsschuldenquoten weltweit im Jahr 2013. Angaben in Prozent am BIP. Quelle: Eigene Darstellung und Berechnungen auf Basis von Daten von Oxford Economics, IMF sowie CIA World Factbook.

Besonders hoch ist die Staatsverschuldung in Industrienationen, was wohl auch mit dem Vertrauen zusammenhängt, das die Gläubiger diesen Ländern entgegenbringen. Neben der Wirtschaftsstruktur ist allen oben genannten Staaten auch das politische System der Demokratie gemein. Länder mit einem eher autoritären Regime (z.B. Russland) oder gar Diktaturen weisen hingegen eine speziell niedrige Staatsverschuldung auf. Die früheren Ausführungen legen nahe, dass demokratische Entscheidungsmechanismen einen wesentlichen Teil zu Mehrausgaben und langfristiger Überschuldung beitragen. Obige Zahlen scheinen dies zu belegen. Die Begründung ist so einfach, wie sie nur sein könnte: In einem Staat, in dem der Bürger nichts zu melden hat, werden auch nur wenig Allmende geschaffen, die letztlich von den Oligarchen bezahlt werden müssten. Stattdessen wird der Entscheidungsprozess einfach abgekürzt. Durch das Hintertürchen bekommt man dann so etwas wie das Dreiklassenwahlsystem im Preussen des 19. Jahrhunderts. Wer zahlt, schafft an, so lautet die Devise. Dass in oligarchischen, autoritär betriebenen Staaten Verantwortung und Entscheidung nicht unbedingt zusammenfallen müssen, sollte wohl jedem interessierten Medienkonsumenten bewusst sein. Die niedrige Staatsverschuldung in Nicht- oder Semidemokratien ist also keine Fürsprache zugunsten autoritärer Systeme, sondern beweist nur deren geringe Kreditwürdigkeit. Wie das Beispiel der Schweiz zeigt, ist eine disziplinierte Ausgabenordnung durchaus auch in (fortgeschrittenen) Demokratien möglich. Wichtig scheint der konkrete Entscheidungsweg innerhalb des demokratischen Prozesses zu sein. Hier hat die Schweiz mit ihrer direkten Demokratie, die mit einer flexiblen Schuldenbremse verbunden ist, eine gute Lösung gefunden. Anstatt den Bürger in seinen Rechten zu beschneiden, hat die Schweiz die umgekehrte Lösung gewählt. Sie bindet ihren Bürger nicht nur als Teil eines Kollektivs, sondern als individuellen Steuerzahler mit allen Konsequenzen seines Handelns stärker als üblich in den demokratischen Prozess ein.

9.2 Institutionelle Bremsen: direkte Demokratie, Föderalismus und Schuldenbremse

Die Schweiz weist in Bezug auf das Finanzgebaren des Staates einige Besonderheiten auf, die sich im internationalen Vergleich positiv auswirken, da sie das Ausgabenwachstum und damit die Schuldenentwicklung institutionell abgebremst haben. Es sind dies ein kompetitiver Föderalismus im Einkommenssteuerbereich und die direkte Demokratie, die das Potenzial politischer Konjunkturzyklen, welche die Staatsausgaben langfristig in die Höhe treiben, senkt. Hinzu kommt eine starke Gemeindeautonomie, die den Gemeinden eine im internationalen Vergleich extrem hohe Eigenverantwortung für das Haushaltsgleichgewicht gibt. Gemeinden gibt es in fast allen demokratisch organisierten Ländern. In den meisten, wie beispielsweise in Frankreich, aber auch in Österreich, sind die Gemeinden jedoch in erster Linie Vollzugsinstanzen, oder sie werden für die ihnen zugewiesenen

Aufgaben stark von der Zentralregierung mitfinanziert (vgl. Abbildung 15). In Frankreich beträgt dieser Zuschuss bei Waldstrassen, Gemeindesälen usw. normalerweise 50 bis 70 Prozent der Projektkosten, was die Gemeinden dazu verleitet, die Grenzkosten bzw. die Unterhaltskosten viel zu tief einzuschätzen und sich so in die Verschuldung zu begeben.

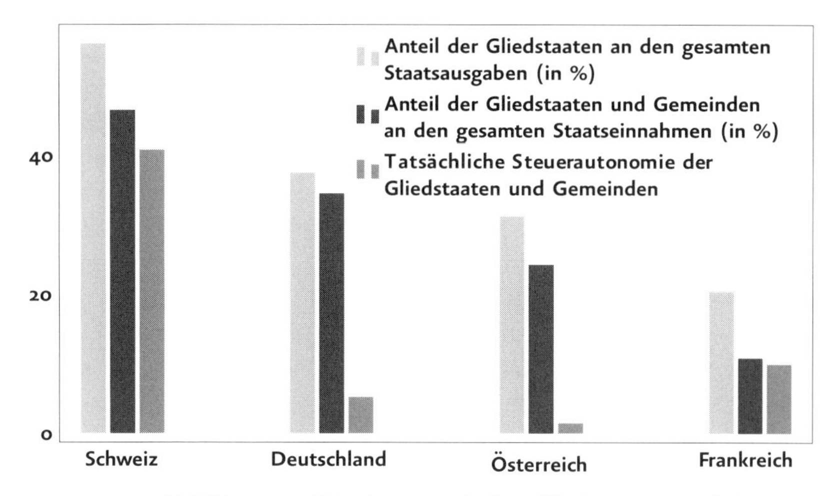

Abbildung 15: Die Autonomie der Gliedstaaten und Gemeinden im internationalen Vergleich. Quelle: OECD Fiscal Decentralization Database 2012.

Auch in anderen Ländern fallen Staatsausgaben und Staatseinnahmen teilweise dezentral an (wenn auch nicht im gleichen Umfang wie in der Schweiz). Aber nur in der Schweiz ist auch die Steuerautonomie, also die Verantwortung für das Generieren von eigenen Steuereinnahmen, dezentralisiert.

Hinzu kommt, dass auf Gemeindestufe die Produktion lokaler öffentlicher Güter wie Schulen, Wasserversorgung oder Feuerwehr im Vordergrund steht. Diese Ausgaben werden weniger durch Umverteilungs-, als vielmehr durch Versorgungsaspekte getrieben. Zudem ist die Exit-Variante hier relativ billig, sodass Gemeinden besonders gut aufpassen müssen, dass sie ihre besten

Steuerzahler nicht verlieren. Infolge dieser Exit-Option stösst auch die intergenerative Umverteilung auf enge Grenzen, weil in Gemeinden mit hohen Steuerfüssen die Zuwanderung guter Steuerzahler ausbleibt. Seit dem Fall Leukerbad – das sich in den 1990er-Jahren mit Bauten übernommen und 346 Millionen Franken Schulden angehäuft hatte – ist auch die Finanzierung am Kapitalmarkt für Gemeinden schwieriger geworden, weil die Risiken individuell bewertet werden und die Zinsdifferenzen dies widerspiegeln. Auch die direkte Demokratie wirkt auf Gemeindestufe am stärksten: In der Mehrzahl der Gemeinden muss die Exekutive ihre Entscheidungen alljährlich an der Gemeindeversammlung verantworten, wo sie dem Steuerzahler sozusagen auf Augenhöhe gegenübertritt. Dies trägt zum gesunden Finanzgebaren auf kommunaler Ebene bei – ausser in den grossen Städten! Einen Gegentrend setzen die Systeme des innerkantonalen Finanzausgleichs, welche die Einnahmenverantwortung der Gemeinden teilweise deutlich senken. So empfängt etwa ein Siebtel aller Gemeinden Finanzausgleichsgelder, die mehr als 50 Prozent ihrer eigenen Steuereinnahmen ausmachen. Jede zwanzigste Gemeinde finanziert sich sogar mehrheitlich aus dem Finanzausgleich. In einigen Kantonen sind diese Zahlen noch deutlich höher (vgl. Abbildung 16). Allerdings ist dieser Moral Hazard auf Gemeindeebene eigentlich ein Problem des Kantons, der ja die gesetzlichen Grundlagen für den Finanzausgleich zwischen den Gemeinden erlässt.

Zwischen den Kantonen spielt bekanntlich ein ziemlich harter Steuerwettbewerb, der insbesondere bei den Unternehmenssteuern und den Einkommenssteuern im oberen Bereich wenn auch nicht gerade zu einem «race to the bottom», so doch zu einem Abwärtstrend bei der Belastung geführt hat. Alle Kantone, mit Ausnahme von Appenzell Innerrhoden, haben zudem eigene Ausgaben- oder Schuldenbremsen, die zum gesunden Finanzgebaren beitragen. Die kantonalen Schuldenbremsen wirken in erster Linie mittelfristig. Dieser Zeithorizont ist auch darauf zurückzuführen, dass die Kantone auf Steuereinnahmen angewiesen sind, die mitunter relativ volatil sein können. In einer Rezession beispielsweise ist sicherlich eine andere Ausgabenpolitik zu befürworten als in Boom-Zeiten. Eine Regelung, die nur die Konsolidierung als Primat kennt, ist unflexibel und würde diesen starken und immer schneller und heftiger aufeinanderfolgenden Bewegungen nicht gerecht. Anders als dies zumindest de jure im Euroraum der Fall ist, kennen die kantonalen Fiskalregeln auch keine Sanktionen. Es kann diskutiert werden, ob Sanktionen pekuniärer Natur sinnvoll sind, um eine Wirtschaftseinheit (hier den Kanton) zu bestrafen, die in einer bestimmten Situation mehr Geld ausgeben muss, als ihr zeitgleich zur Verfügung steht. Vieles deutet darauf hin, dass solche Disziplinierungsmassnahmen schnell in eine Abwärtsspirale führen können. Mit Ausnahme der Kantone St. Gallen und Freiburg, die sehr restriktive Fiskalregeln haben, existieren umfassende Lockerungsbestimmungen, die zwar Flexibilität, aber tendenziell auch höhere Schulden mit sich bringen. Empirische Untersuchungen dazu wurden zuletzt von Feld et al. 2012[20] angestellt. Sie zeigen, dass die kantonale Schuldenbremse auch für die Kapitalgeber ein positives Signal zu sein scheint. So weisen Kantone mit Fiskalregeln eine deutlich niedrigere Risikoprämie auf als solche ohne diese Instrumente. Offensichtlich ist das Vertrauen in Kantone mit restriktiven Bestimmungen grösser, und entsprechend muss das Risiko der Investition in diese Staaten weniger stark abgegolten werden.

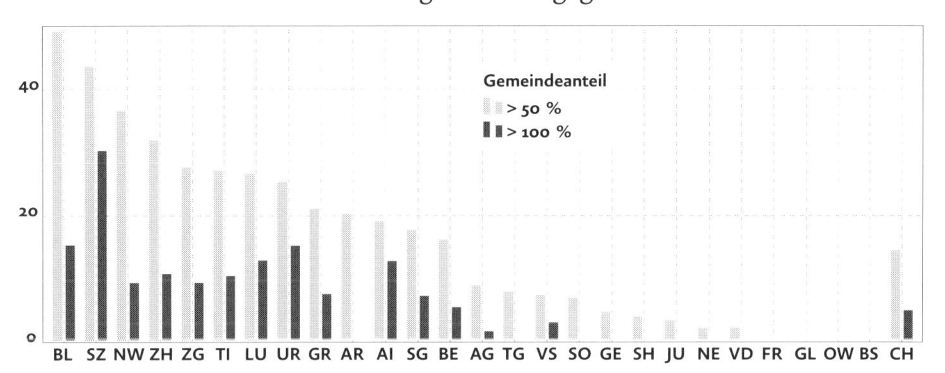

Abbildung 16: Anteil der Gemeinden im jeweiligen Kanton, der gemessen am eigenen Steueraufkommen mehr als 50 bzw. 100 Prozent Ausgleichsgelder erhält. Angaben in Prozent. Quelle: Avenir Suisse.

9.3 Schweizerische Fehlentwicklungen und Umgehungsvarianten

Trotz allem Lob für die Schweiz scheint es in diesem Kontext notwendig, auch auf eine versteckte Umgehung der Schuldenbremse aufmerksam zu machen. Korrekterweise müssten nämlich zu den eigentlichen Schulden der Kantone auch künftige Belastungen gezählt werden, die mit grosser Sicherheit anfallen (sogenannte Entitlements). Dazu zählen etwa Pensionsansprüche, die in der heutigen Schuldenstatistik nicht erfasst werden. Wie Abbildung 17 zeigt, unterscheiden sich diese versteckten Schulden in ihrem Ausmass zwischen den Kantonen ganz erheblich. Die Möglichkeit zur Umgehung der Schuldenbremse wird also von fast allen genutzt, aber nicht im gleichen Ausmass.

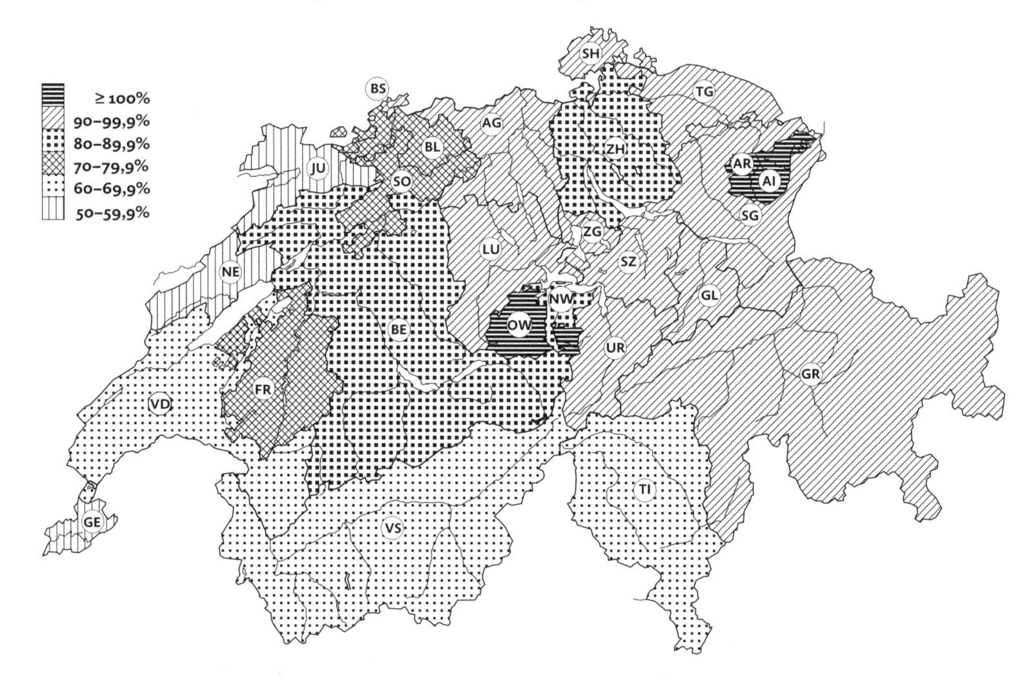

Abbildung 17: Deckungsgrad kantonaler Pensionskassen per 31.12.2011. Quelle: Eigene Darstellung auf Basis von Cosandey/Bischofberger (2012).

So liegt der Deckungsgrad der kantonalen Pensionskasse in Genf, Neuenburg und dem Jura bei unter 60 Prozent. Auch jene im Tessin, im Wallis und in der Waadt sind nur mit höchstens knapp unter 70 Prozent gedeckt. Neben den Kantonen Basel-Stadt und Basel-Landschaft sowie Solothurn ist Freiburg der einzige Westschweizer Kanton mit einem Deckungsgrad zwischen 70 und 79,9 Prozent. Die Kantone Zürich und Bern liegen im Intervall zwischen 80 und 89,9 Prozent. Spitzenreiter sind die Kantone Obwalden sowie Appenzell Innerrhoden und Appenzell Ausserrhoden, wo die Deckung sogar bei mehr als 100 Prozent liegt. Alle übrigen Kantone liegen im Bereich um 90 bis knapp unter 100 Prozent Deckungsgrad der Pensionskasse. Insgesamt belegt Abbildung 17 eindrücklich, dass der tiefe Deckungsgrad der Pensionskassen – der eine verdeckte Form der kantonalen Verschuldung und damit die Umgehung der Schuldenbremse darstellt – primär ein Phänomen der lateinischen Schweiz ist.

Eine wichtige Rolle spielt auch der bereits mehrfach erwähnte Nationale Finanzausgleich (NFA). Obwohl er gegenüber dem früheren, intransparenten und komplizierten System an Einzelzahlungen eine Verbesserung darstellt, ist er insofern potenziell problematisch, als nur eine kleine Minderheit von Kantonen die grosse Mehrheit subventioniert, wobei die Wirtschaftskraft der schwächeren Kantone nicht wesentlich verbessert wird. Das Beispiel des Kantons Bern zeigt drastisch, wie hier bereits 1,2 Milliarden Franken Zuschuss pro Jahr Reformen im Steuersektor eher bremsen und das Wunschdenken in Bezug auf die Subventionierung des Clusters von High- und Cleantech beflügeln.

Gemäss unserer Theorie sollte der Bund die stärkste Tendenz zum Ausgabenwachstum und daher auch das grösste Schuldenwachstum aufweisen. Vor allem in den 1990er-Jahren wuchsen diese Ausgaben tatsächlich sehr schnell und bescherten der Schweiz hohe Defizite (vgl. Abbildung 19) und steigende Schulden (vgl. Abbildung 18).

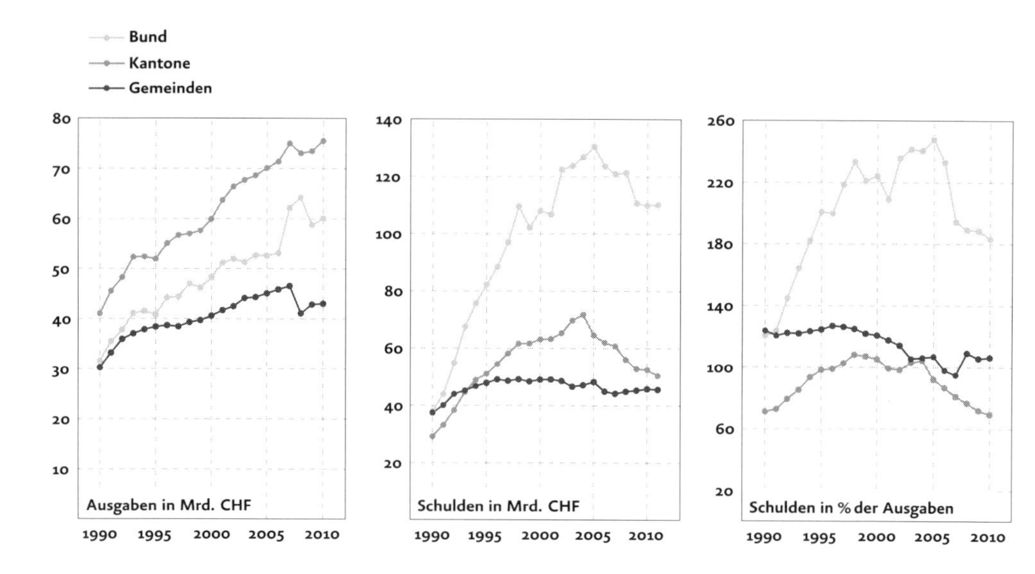

Abbildung 18: Entwicklung der Schuldenstände und der Ausgaben der drei Staatsebenen. Quelle: BFS 2012.

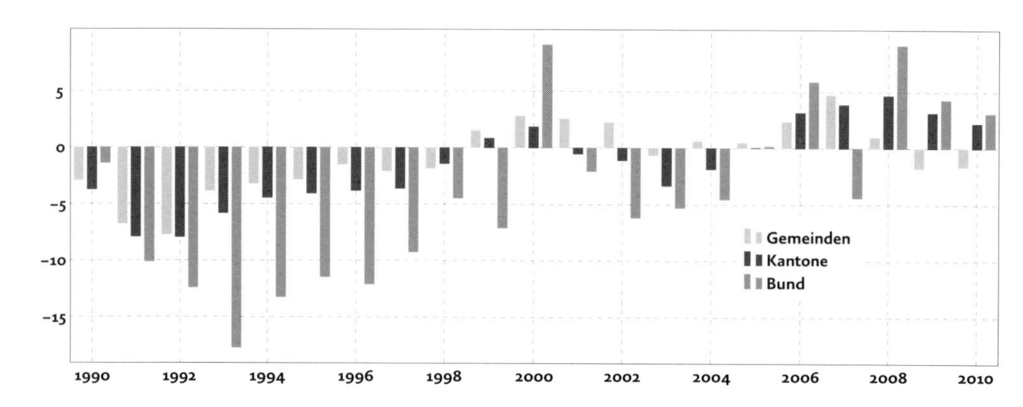

Abbildung 19: Rechnungsabschlüsse von Bund, Kantonen und Gemeinden. Angaben in Milliarden Franken. Quelle: Avenir Suisse.

Dieser Trend konnte aber ab 2005 definitiv gebrochen werden. Wie Schweden etwa zehn Jahre zuvor, gelang es auch der Schweiz, Überschüsse zu erzielen und die Schuldenquote zu senken. Dabei spielte die Rückkehr des Wirtschaftswachstums sicherlich eine Rolle. Der Hauptgrund ist aber die erfolgreiche Einführung der sogenannten Schuldenbremse im Jahr 2003. Sie wurde Ende 2001 vom Volk mit einer selten wuchtigen Mehrheit von 84,7 Prozent angenommen. Diese hohe Zustimmungsquote kann man nur so erklären, dass es um eine rein abstrakte Regel ging, bei der die potenziellen Verlierer von Ausgabenkürzungen unsichtbar blieben.

In der Schweiz ist diese Schuldenbremse keine blosse Deklamation auf Papier geblieben, sondern sie wurde institutionell so verankert, dass sie weitestgehend zum gesetzlich bindenden Automatismus wird. Exzellent ist auch ihre konjunkturelle Flexibilität, die in Rezessionen Defizite zulässt, über den Konjunkturzyklus hinweg jedoch den Zwang zum Ausgleich vorsieht. In diesem Punkt weist die Bundesebene Parallelen zu der kantonalen Ausgestaltung der Schuldengrenze auf.

Primäre Aufgaben und das Ziel der Schuldenbremse ist es, Einnahmen und Ausgaben im Gleichgewicht zu halten. Die Anpassung an das ökonomische Geschehen – mit Hochkonjunktur zum einen und tiefer Rezession zum anderen – macht aus ihr eine sogenannte Saldoregel. In Perioden wirtschaftlicher Schwäche können die Ausgaben durchaus auch über den Einnahmen liegen, in solchen des Aufschwungs jedoch müssen sie deutlich tiefer sein. Damit wird natürlich unmittelbar auf die Staatsquote Einfluss genommen, wie wir anderweitig bereits bemerkt haben. Steigende Staatsausgaben in Krisenzeiten beispielsweise durch öffentliche Bauaufträge werden zu einem Instrument der Konjunkturstabilisierung und -beflügelung; die Staatsquote steigt. Dass das Wachstum in Ländern mit hoher Staatsquote geringer ist als in solchen mit niedriger, sollte dabei keine übermächtige Rolle spielen. Schliesslich geht es nur um ein vorübergehendes Agieren, das genauso gut in die andere Richtung (tiefe Staatsquote) führen kann.

Leider ist die Schweiz bezüglich der Sozialversicherungen insofern ein Sonderfall, als diese trotz Obligatorien und hohen staatlichen Zuschüssen als autonome Einrichtungen aus dem Finanzhaushalt ausgegliedert sind (vgl. Feld/Schaltegger 2012[21]). Es ist daher ein wichtiges und berechtigtes Anliegen, die Schuldenbremse auf diese Bereiche auszudehnen bzw. eine massgeschneiderte Schuldenbremse für die Sozialversicherungen einzuführen.

Das Rent Seeking wird nicht nur über die Sozialversicherungen aus dem offiziellen Staatsbudget ausgelagert. Beliebt sind z.B. Steuerabzüge aller Art für soziale, aber vor allem ökologische Zielsetzungen. Bei den Einkommenssteuern haben wir nun gerade in der laufenden Session die magische Zahl von hundert nicht erwerbsbezogenen Abzügen erreicht! Stark auf dem Vormarsch sind beispielsweise Aufwendungen zur Gebäudesanierung oder für das Energiesparen, aber auch die Aus- und Weiterbildung. Solche unberechtigten Steuerabzüge (Tax Expenditures) sind polit-ökonomisch gesehen eine Umgehung von expliziten Subventionsausgaben. Die Steuerausfälle werden bestenfalls global geschätzt und können durch Ausgabenregeln allein nicht verhindert werden. Sie sind aber politisch leichter durchzusetzen als allgemeine Steuersenkungen ohne spezifische Klientel. Sie sind defizit- und schuldenrelevant, aber in ihren Verteilungswirkungen im Vergleich zu offen budgetierten Subventionen intransparenter. Ein beliebtes Manöver zur verdeckten Staatsquotenerhöhung sind auch die reinen Lenkungsabgaben mit, zumindest am Anfang, hundertprozentiger Rückerstattung. Sind sie einmal eingeführt, fällt es politisch leicht, «bessere» Verwendungsformen für diese Einnahmen zu finden. Subventionsprogramme für Einspeisevergütungen neuer Alternativenergien oder Gebäudesanierungsprogramme sind gerade in der Schweiz beliebt, um den reinen Lenkungseffekt durch einen gezielten Förderungseffekt zu verstärken. Dies erhöht nicht nur die Staatsquote, sondern treibt den Lenkungseffekt auch in ganz bestimmte Bahnen, indem gewisse Technologien, Massnahmen oder Investitionen bevorzugt behandelt und damit andere automatisch benachteiligt werden. Nebst einer ursprünglich nicht gewollten Staatsquotenerhöhung resultieren daraus auch Fehlallokationen und Fehlinvestitionen, die aber ebenfalls ganz bestimmten Interessengruppen zugutekommen. Eine weitere Umgehungs- oder Ausweichmöglichkeit bietet sich bei den öffentlichen Unternehmen, vor allem bei denjenigen im Verkehrs- oder Energiebereich. So wurde kürzlich ein Milliardenloch bei der Pensionskasse der SBB durch eine ausserordentliche Bundessubvention gestopft. Und die Berner Milchkuh BKW Energie AG hat innert weniger Jahre nicht nur die Dividendenzahlungen stoppen müssen, sondern dem Berner Steuerzahler überdies einen Wertverlust von über 3 Milliarden Franken auf dem 52,5-Prozent-Aktienpaket des Kantons beschert. Auch mit ihren Kantonalbanken haben etliche Kantone, insbesondere Genf, Bern, Solothurn und Waadt, herbe Verluste eingefahren. Wenig bis gar nicht sichtbar sind demgegenüber Kosten, die etwa aus der Vernachlässigung des Unterhalts der Bahninfrastruktur oder des Hochspannungsnetzes resultieren. Auf diese Weise lassen sich notwendige Ausgaben auf die Zukunft verschieben, indem die Infrastrukturen «verkonsumiert» werden. Problematisch sind diesbezüglich auch Infrastrukturfonds, die sowohl zu klein wie auch zu gross sein können. Im ersten Fall konsumieren wir öffentliches Vermögen, im zweiten verschwenden wir zu viele Mittel für dessen Ausbau. Die Schaffung von immer mehr Infrastrukturfonds ist somit im Lichte der Schuldenbremse kritisch zu hinterfragen. Leider läuft die Finanzierung der Bahnen und bald auch der Strassen stracks in die falsche Richtung. Statt einfach Obligationen auszugeben, öffnet man Finanzierungsfonds, die intransparent sind und inkonsequent finanziert werden. Letztlich sind diese Fonds nichts anderes als aus dem ordentlichen Budgetprozess ausgelagerte Finanzierungstöpfe mit zweckgebundener Steuerfinanzierung und interessenspolitisch gesteuerten Ausgabenzwängen. Der richtige Weg wäre ein effizientes und transparentes Mobility Pricing. Doch das scheint niemanden wirklich zu interessieren.

Schliesslich ist auch die Regulierung eine Alternative zu budgetierten Staatsausgaben. Denn auch Regulierungen beeinflussen die Verwendung von Ressourcen, indem sie die relativen Preise und/oder die Anreize verzerren. Was immer der Staat durch eine budgetäre Aktion erreichen kann, kann er auch auf dem Weg der Regulierung erreichen. Um beispielsweise einen Krieg zu führen, kann der Staat die Soldaten zwangsrekrutieren und zum Dienst verpflichten. Oder er kann auf dem Markt ein Berufsheer einkaufen. Zwangsrekrutierung taucht im Budget nicht auf, die Berufsarmee aber schon. Oder denken wir an die Einführung der 35-Stunden-Woche in Frankreich. Sie hat keine Staatsausgaben verursacht, aber zu einer massiven Steuererhöhung für den Faktor Arbeit geführt und riesige volkswirtschaftliche Verluste nach sich gezogen. Umgekehrt wirkte die Einführung der Freizügigkeit für Arbeitskräfte aus der EU wie eine grosse steuerliche Entlastung der Arbeit. Es gibt aber auch weniger spektakuläre Beispiele. Will man den öffentlichen Verkehr fördern, kann man das durch Subventionen an die Betreiber von Bahn, Tram oder Bus tun, oder man kann alternativ die Parkflächen in den Zentren wegregulieren, wie es in Basel teilweise sogar auf privatem Grund geschehen ist. Man kann Energiesparlampen subventionieren oder die alten Glühlampen einfach verbieten. Die Kosten abzuschätzen, die Regulierungen aller Art für die Produzenten, aber auch für die Konsumenten aufwerfen, ist enorm schwierig. Denken wir nur daran, was unter dem Deckmantel der Energiewende alles auf uns zukommen wird. Strikte Normen für den Benzinverbrauch verteuern das Auto, ebenso wie die erzwungenen Reduktionen beim Stromverbrauch alle unsere Haushaltsgeräte verteuern, indem sie den Wiederbeschaffungszyklus verkürzen. Die Regulierungswelle im Gefolge der Energiewende ist deshalb besonders perfid, weil sie Millionen von Haushalten sowie Produkte oder Aktivitäten nur mehr oder weniger marginal betreffen. Ihre Kostenwirkung wird so kaum wahrgenommen, obwohl sie in ihrer Gesamtheit die Haushalte stark belasten wird. Analoges gilt noch verstärkt für die Aktivitäten des produzierenden Sektors. Hier werden vor allem die Finanzmärkte enorme Steigerungen der Regulierungskosten zu verdauen haben. Ähnliches bahnt sich wie schon erwähnt auch im Energiebereich an, in dem die steigenden Preise für die Energieinputs sehr wahrscheinlich nur den kleineren, aber besser sichtbaren Teil der volkswirtschaftlichen Kosten abbilden. Deshalb sind gerade diese fiskalisch unsichtbaren Belastungen besonders anfällig für fiskalische oder regulatorische Illusionen. Wenn schon die Kosten der Regulierung nur schwer abzuschätzen oder zu beziffern sind, dann gilt dies noch mehr für den Nutzen. Private und staatliche Interessengruppen, die von Regulierungen profitieren, haben daher leichtes Spiel, das Kosten-Nutzen-Verhältnis völlig verzerrt zu ihren Gunsten darzustellen.

Gerade weil die Schuldenbremse in der Schweiz so gut funktioniert, verlagert sich die Interventionsenergie von Interessengruppen aller Art (inklusive staatliche Bürokratie) weg von direkten Ausgaben und hin zur Regulierung. Es muss daher ernsthaft über eine Regulierungsbremse nachgedacht werden, welche die gut funktionierende Schuldenbremse ergänzt. Im Zuge einer stärkeren Zentralisierung konzentriert sich auch in der Schweiz die staatliche Macht immer mehr in Bern, und dort vor allem in der Exekutive oder besser gesagt in den Verwaltungsbürokratien. Dabei entziehen sich die zentralen Bundesämter wie das BAFU, das BFE oder das BSV zunehmend der Kontrolle durch die gewählte Exekutive und Legislative. Ähnliches gilt für die sogenannten unabhängigen regulatorischen Behörden wie etwa die WEKO, die SNB oder die Finma. In diesen strebt man diverse Policy Goals mit kostenintransparenter Regulierung statt mit Steuern oder Lenkungsabgaben an. Solche regulatorischen Bürden sind jedoch, genau wie neue Steuern, Lasten für den privaten Sektor. Sie schlagen sich letztlich in höheren Preisen oder niedrigem Output nieder. Dabei ist a priori häufig unklar, wer die Lasten letzten Endes trägt (Überwälzungseffekte). Häufig sind es dann jene, die aufgrund ihrer Lebensumstände in besonderem Masse immobil sind. Interessant hierbei ist die Unwissenheit der betroffenen Gruppen über ihre eigene Situation. Sie macht es der Politik einfach, Regulierungen sogar mit der Unterstützung derjenigen durchzusetzen, auf deren Kosten die Regulierung in Wirklichkeit geht. Die Schweizer Preisinsel ist zu einem wesentlichen und wachsenden Teil immer mehr eine Regulierungsinsel.

10 Die Besonderheiten in Euroland

Mit der Schaffung der Eurozone im Jahre 1999 ist ein historisches Novum geschaffen worden, dessen Tragweite am Anfang sicher unterschätzt wurde, das aber zehn Jahre später zur Schicksalsfrage des Kontinents mutiert ist. Im Gegensatz etwa zur lateinischen Münzunion von 1865 bis de facto 1914, in der nur die Wechselkurse fixiert wurden und die Zahlungsmittel der einzelnen Länder gegenseitig akzeptiert werden mussten, sind die einzelnen Währungen in der Währungsunion definitiv abgeschafft worden. Damit wollte man einen späteren Austritt einzelner Länder de facto verunmöglichen und die schwächeren Euromitglieder, die eine lange Geschichte von Inflation und Abwertung aufweisen (wie etwa Griechenland, aber auch Italien), den «stabilen» Volkswirtschaften Europas angleichen. Italiens und Frankreichs Währungen hatten in den Phasen vor der Euro-Einführung deutlich an Wert verloren im Vergleich zur Deutschen Mark. Weil im neuen Regime sowohl Aufwertungen wie Abwertungen ausgeschlossen wurden, versuchte man von Brüssel aus, die Inflationssünder von gestern anderweitig zu disziplinieren. Zu diesem Zweck wurden zwei neue Instrumente eingeführt: die Maastricht-Kriterien und die No-Bail-out-Regel. Mit den Maastricht-Kriterien wurde für das Budgetdefizit eine Obergrenze von 3 Prozent und für die Verschuldung eine Limite von 60 Prozent des BIP definiert. Gleichzeitig wurde sowohl ein Bankrott einzelner Länder von der Zentrale aus verboten, aber ebenso ein staatenübergreifender Bail-out. Damit wurde das System in sich widersprüchlich. Fachleute, insbesondere Ökonomen, haben dies von Anfang an kritisiert, doch die führenden Politiker hatten höheres im Sinn: Sie wollten über die Währungsunion die politische Einigung vorantreiben und sie im Krisenfall auch erzwingen. Ob dies richtig oder falsch war, ist heute unwichtig. Es ist wie mit jedem Geburtsfehler: Ist das Kind gezeugt und in die Welt gesetzt, müssen alle Beteiligten versuchen, das Beste daraus zu machen. Obwohl ich klar der Meinung bin, dass der Euro verfrüht und inkonsistent eingeführt worden ist, bin ich ebenso überzeugt, dass die Geschichte nicht mehr rückgängig zu machen ist. Denkbar wären im Sinne einer Vorwärtsstrategie allenfalls gewisse Austritte, und zwar sowohl von schwachen wie von starken Ländern.

Was seit der Gründung der Währungsunion geschehen ist, kann in wenigen Sätzen zusammengefasst werden: Die Maastricht-Regeln wurden nicht eingehalten und selbst von Ländern wie Frankreich und Deutschland ohne Konsequenzen verletzt. Das No-Bail-out-Versprechen wurde von den Kapitalmärkten offenbar nicht für glaubwürdig gehalten, sodass sich die Renditen sämtlicher Staatsobligationen innert kurzer Zeit dem tiefen Niveau von Deutschland anglichen. Das war natürlich für die schwächeren Euroländer eine Einladung zur Verschuldung, wie wir im Fall von Griechenland aufgezeigt haben. Ebenso wurde in Kapitel 3 ausgeführt, wie die Finanzkrise im Bankensektor die Staatsfinanzkrise beschleunigt hat. Als besonders ungünstig hat sich dabei eine Situation erwiesen, in der Risiko und Haftung auseinanderklaffen und die Konsequenzen unternehmerischer Fehlentscheide infolge einer (vermeintlichen) Too-big-to-fail-Problematik auf die Steuerzahler abgewälzt wurden.

Der Staat musste sogenannt systemrelevante Finanzinstitute retten, um die Funktionsfähigkeit des Zahlungs- und des Kreditsystems sicherzustellen, nachdem die betreffenden Banken die Regulierungen bezüglich Eigenmittel bis zum Letzten ausgereizt und überstrapaziert (vgl. Kapitel 3) hatten. Dies war und ist weniger eine Frage der Moral (Moral Hazard) als der Anreize (Adverse Selection), und glücklicherweise sind die entsprechenden Reparaturarbeiten an den Fehlregulierungen des Finanzsystems im Gang. Allerdings sind inzwischen – nur scheinbar paradoxerweise angestossen durch die Finanzkrise und die Bankenrettung – ganze Mitgliedsländer der Eurozone zum Too-big-to-fail-Risiko für Euroland insgesamt geworden. Auch hier waren es Fehlanreize, die zu einem Auseinanderdriften des Risikos beim Eingehen von Schulden und der Haftung für die Konsequenzen einer Überschuldung geführt haben.

Als 1991 Argentinien seinen Default produzierte, wurden die Kosten von zwei Gruppen geschultert. Einerseits von der argentinischen Bevölkerung und andererseits von ausländischen Gläubigern. Erstere waren zumindest politisch mitverantwortlich für die Misswirtschaft der Regierung. Letztere waren zu risikofreudig oder zu naiv oder beides, oder sie hatten sich bereits bei der Kreditvergabe mit hohen Risikoprämien ganz oder teilweise abgesichert. Mit anderen Worten, ein Zahlungsausfall war auf Schuldner- wie auf Gläubigerseite einkalkuliert oder zumindest in Kauf genommen worden, weil es ja damals mit Sicherheit keinen Bail-out – Rettungsanker – gab. Argentinien zahlt dafür bis heute einen hohen Preis, indem es keine ausländischen Kredite mehr erhält und so gezwungen ist, Leistungsbilanzüberschüsse zu generieren, um überhaupt wieder an Devisen zu kommen.

Das war und ist nun im Fall Griechenland völlig anders. Hier versucht die EU, den Griechen als Gegenleistung für Kredite, die sie zu diesen Konditionen von niemand anderem erhalten würden, einen Austeritätskurs aufzuzwingen. Gleichzeitig kauft die gesamteuropäische EZB Schuldverschreibungen von einzelnen, eigentlich bankrotten Euroländern auf. Damit verlagert sich die Haftung für den Ernstfall eines Zahlungsausfalls auf diejenigen Mitgliedsländer, die finanziell mehr oder weniger gesund sind. Weil für die griechischen Staatsschulden vorerst einmal private Kreditgeber – vor allem Banken – haften, hat der Aufkauf maroder griechischer Papiere durch die EZB eine doppelte Risikotransformation zur Folge: Das Risiko wird von privaten Gläubigern auf staatliche verschoben und von Ländern mit hohen griechischen Guthaben auf solche mit niedrigen.

Demgegenüber ist beispielsweise die Gläubigersituation im ebenfalls hoch verschuldeten Japan eine ganz andere. Dort bestehen die Verbindlichkeiten überwiegend gegenüber der eigenen Bevölkerung.[22] Mag die japanische Zentralbank noch so viele Staatspapiere auf dem Sekundärmarkt aufkaufen, sie verschiebt das Risiko nur zwischen den ursprünglichen japanischen Eigentümern dieser Titel und der eigenen Zentralbank. Inzwischen sind die Schulden des japanischen Staates in hohem Grad die Guthaben der japanischen Zentralbank. Man könnte sich hier im Extremfall durchaus eine Saldierung dieser staatlichen Schulden und Guthaben vorstellen. Weil das aber die Anreize zur Neuverschuldung nachhaltig verstärken würde, müsste dieses Spiel schon bald wiederholt werden. Früher oder später landet man so in einer Hyperinflation.

Die griechische Schuldenlast konnte anfänglich noch etwas gemildert werden, weil es gelang, den privaten Gläubigern einen «freiwilligen Haarschnitt» zu verpassen, der die öffentlichen Gläubiger zumindest vorerst verschonte. Ein Staatsbankrott und ein entsprechender Verlust bei den Gläubigerländern konnten so de jure vermieden werden, obwohl eigentlich niemand daran glauben kann oder darf, dass diese Schulden je zum vollen Wert zurückerstattet werden. Aber politisch scheint es wichtig zu demonstrieren, dass bis jetzt die Steuerzahler verschont werden konnten. Doch es wird nicht mehr lange dauern, bis auch die öffentlichen Geldgeber der Troika zum Coiffeur bestellt werden und ihnen ein Haircut verpasst wird. Ein Schuldenerlass und ein Totalabschreiber bei der EZB oder anderen Gemeinschaftsinstituten wäre nicht nur – wie in Japan – eine Umverteilung innerhalb des Ursprungslands, sondern eine zwischen den Steuerzahlern verschiedener Länder. Dazu wird es aber früher (eher besser) oder später (eher teurer) kommen müssen.

Damit beginnt ein übles Spiel: Die Griechen brauchen immer wieder neue Kredite, wobei sie mit schmerzhaften Anpassungsprogrammen vermeintlich insbesondere den Deutschen so weit entgegenkommen müssen, dass diese den Geldhahn nicht zudrehen. Weil die Unterstützungs- und Rettungspolitik inzwischen politisch als «alternativlos» erklärt worden ist und die Griechen deshalb damit rechnen können, gerettet zu werden, sind ihre Anstrengungen, sich strukturell zu erneuern, aber letztlich beschränkt. Dies wiederum erhöht den politischen Widerstand in denjenigen Ländern, die immer mehr Verantwortung für die Schulden der Anpassungsverweigerer übernehmen müssen. Der Druck auf dic Nchmcrnationen steigt. Diese Eskalation kann nicht ewig weiter voranschreiten. Wo der Krug am politischen Brunnen zerschellen wird, bleibt offen. Denn eines ist klar: Es darf nicht so weit kommen. Doch ebenso klar ist: Es kann nicht ewig weitergehen wie bisher. Nur: Wo, wann und wie fasst man überhaupt eine Lösung ins Auge?

Wenn wir Griechenland als Exempel nehmen, wird deutlich, wie es so weit kommen konnte. Die griechische Verschuldung ist in Euro denominiert, doch die Geldpolitik für den Euro wird in Frankfurt zentral entschieden und muss primär preisstabilitätsorientiert sein. Griechenland kann also keine eigene Geldpolitik mehr machen, um wie früher durch Inflation und Abwertung die Schulden real zu verringern und die Wirtschaft wieder preislich konkurrenzfähig zu machen. Da aber die griechische Fiskal- und Sozialpolitik weiterhin autonom bleibt, kann in diesen Bereichen weiterhin nach nationalem Gusto gewirtschaftet werden. Das heisst jedoch nicht, dass sich die Konsequenzen mangelnder Sparanstrengungen nicht in einer restriktiveren Geldpolitik, gesteuert durch die EZB, «entladen» könnten. Dies führt zu einem Preis- und Kostenanstieg, nicht zuletzt deshalb, weil die Produktivität der Arbeit in Griechenland wegen einer strukturerhaltenden und staatslastigen Beschäftigung langsamer wächst als z.B. in Deutschland. Damit verliert Griechenland laufend an preislicher und innovativer Wettbewerbsfähigkeit, es wird weniger exportiert, gleichzeitig aber immer mehr importiert. Im Normalfall äussert sich ein derart wachsendes Defizit in der Leistungsbilanz als zunehmende Auslandsverschuldung. Dieses ist privater Natur und wird von den Überschussländern mittels Auslandsinvestitionen finanziert. Gerade Deutschland hat davon sehr lange profitiert. Man konnte zum Exportweltmeister aufsteigen und gleichzeitig profitabel im Ausland investieren. Nun allerdings werden die faul gewordenen Kredite bei der EZB, die diese Ankäufe durch scheinbar kostenlose Geldschöpfung finanziert, zentralisiert. Dadurch explodiert die Bilanz der EZB, die sich gewaltige Risiken aufbürdet, die eines Tages zu ebenso gewaltigen Verlusten oder Abschreibern führen werden, weil sich vor allem Griechenland aus eigener Kraft niemals aus der Bankrott-Situation befreien kann. Wenn das Leistungsbilanzdefizit nicht durch Produktivitätssteigerungen und/oder interne Preis- und Kostensenkungen reduziert oder beseitigt werden kann, erfolgt früher oder später eine offene Finanzkrise mit Bankrott und Abwertung nach einem Euro-Austritt. Durch die Abwertung verschafft man sich mit einem Schlag Luft an der Leistungsbilanzfront. Denn auch wenn die Auslandsschulden in fremder Währung sich dadurch nicht entwerten, können sie mithilfe eines souveränen Defaults auf dem Verhandlungsweg doch stark reduziert werden. Das ist, wie schon skizziert, der argentinische Weg. Er steht Griechenland allerdings nur dann offen, wenn dieses seinen einseitigen Austritt aus der Währungsunion erklärt, die Drachme wieder als eigene Währung einführt und sich auch den übrigen Euroländern gegenüber als zahlungsunfähig erklärt.

Auch Argentinien geriet in Schwierigkeiten, nachdem es die Flexibilität seiner Währung aufgegeben hatte. Allerdings war es ein einseitiger argentinischer Entscheid, eigenhändig und autonom ein fixes Verhältnis des Peso zum US-Dollar von eins zu eins zu definieren. Um dabei glaubwürdig zu sein, musste volle Konvertibilität – auch im Inland – garantiert werden. Dies machte es nötig, hohe Dollarreserven zu halten. Gleichzeitig betrieb auch Argentinien eine expansive Fiskalpolitik mit wachsenden Budgetdefiziten. Diese wurde so lange durch Geldschöpfung finanziert, bis eines nicht so schönen Tages die Konvertibilität nicht mehr glaubwürdig war und schlagartig aufgehoben werden musste. Parallel zu den Budgetdefiziten und zu den wachsenden Staatsschulden verschlechterte sich dann auch die Leistungsbilanz. Die Dollarreserven schrumpften. Die darauf folgende Aufhebung der Konvertibilität und der fixen Parität waren jedoch ganz einseitige argentinische Aktionen. Sie hatten negative Folgen für das Land selbst und für die ausländischen Gläubiger. Die amerikanische Zentralbank jedoch wäre sicherlich nie auf die Idee gekommen, zum Schutz der Dollar-Peso-Parität argentinische Schuldtitel aus dem Sekundärmarkt aufzukaufen und so privaten Kreditgebern das Risiko abzunehmen. Wie oben beschrieben, ist dies bei Griechenland anders: Erstens hat es gar keine eigene Währung wie den Peso mehr. Zweitens war es für die amerikanische Geldpolitik damals letztlich irrelevant, was die Argentinier taten. Das Federal Reserve hatte keine Staatstitel von Argentinien im Portefeuille, und die Ansteckungsgefahr für andere südamerikanische Länder war gering bis inexistent. Argentinien musste seine Probleme selbst lösen. Für Griechenland hingegen haften inzwischen über den Umweg der EZB die Steuerzahler der EU.

Tabelle 5 zeigt die wichtigsten makroökonomischen Daten für die EU insgesamt, für den Euroraum mit seinen einzelnen Ländern sowie der Schweiz als Vergleichsmassstab. Dabei unterscheidet sich der gesamte EU-Raum nicht wesentlich von Euroland. Auffallend sind jedoch die starken Divergenzen zwischen den einzelnen Euroländern und der starke Kontrast zur Schweiz, die in allen Bereichen – Inflationsrate, Arbeitslosigkeit und Verschuldung – klar besser dasteht als die EU. Besonders schwerwiegend sind die Arbeitslosenquoten, die in einer Spannweite von gut 4 bis 5 Prozent (Österreich, Niederlande, Luxemburg) bis zu etwa 25 Prozent (Spanien, Griechenland) liegen. Grosse Divergenzen sind auch in Bezug auf die Verschuldungsquoten am BIP auszumachen, wobei diese, abgesehen vom Sonderfall Estland (9,8 %), Dimensionen bis über 100 Prozent erreichen. Auch die laufende Budgetsituation präsentiert sich sehr ungleich: Die Schweiz, Deutschland und abermals Estland haben mit einem Saldo des Staatshaushalts um 0 Prozent einen Budgetausgleich. Für Spanien hingegen liegt dieser Wert bei –10,6 Prozent, im Fall von Griechenland und Irland bei –9,0 bzw. –8,2 Prozent.

Die Abbildung 20 (S. 120) zeigt die Fieberkurven ausgewählter Räume und Länder basierend auf den zwei Schlüsselgrössen reales BIP-Wachstum und staatliche Bruttoverschuldung am BIP. Die Kurven zeichnen die Entwicklung seit 2006 und die Prognosen bis 2015. Die unabhängige Schweiz und das EU-Land Schweden mit eigener Währung sind seit einiger Zeit gut unterwegs und konnten ihre Schuldenquoten bei unter 50 Prozent stabilisieren – mit weiter fallender Tendenz. Deutschland ringt nach einem starken Anstieg bei der Verschuldung mit einer Stabilisierung, allerdings bei zuletzt sinkender Wachstumsrate. Italien und Spanien scheinen schon beinahe chronisch krank mit hohen und steigenden Verschuldungsindizes, aber gleichzeitigem Null- bis sogar Negativwachstum. Aber selbst im Vergleich mit diesen Patienten in bereits kritischem Zustand steht Griechenland singulär hoffnungslos da, trotz prognostizierter Verringerung der Bruttostaatsschuld am BIP bis 2015 . Dieses Land ist seit einiger Zeit faktisch bankrott und sicher nicht auf dem Weg zur Besserung. Auf der linken Skala lassen sich die Wachstumsraten ablesen mit der

Nulllinie als Benchmark für positives oder negatives Wachstum. Die Benchmark auf der rechten Seite liegt bei einer Verschuldungsquote von 80 Prozent, einem Wert, der in der Literatur als kritische Marke angesehen wird.

Der im Text mehrmals zum Vergleich herangezogene Fall Argentinien zeigt im zeitversetzten Zehnjahreszeitraum von 1995 bis 2004 deutliche Parallelen, aber auch Unterschiede auf (vgl. Abbildung 21, S. 121). Nach dem Bankrott wurde das Land von einer tiefen und mehrjährigen Krise heimgesucht, die allerdings von einem recht kräftigen Wachstum abgelöst wurde. Die Staatsverschuldung jedoch entwickelte sich auf hohem Niveau weiter nach oben, was die Inflation zur unangenehmen Begleiterin des Wachstums machte. Gut zehn Jahre später steuert Argentinien schon wieder auf eine stagflatorische Wirtschaftskrise zu, weil das Land oder seine populistische Regierung einmal mehr über seine Verhältnisse lebt und die Inflation durch statistische Manipulationen unterdrückt.

Tabelle 5 (folgende Doppelseite): Ökonomische Kennzahlen ausgewählter Volkswirtschaften. Prognosen ab 2012. Quelle: Europäische Kommission (2013) und IMF.

	Reales BIP-Wachstum (in %)				Inflationsrate (in %)			
	2012	2013	2014	2015	2012	2013	2014	2015
Schweiz	**1,0**	**1,6**	**1,8**	**1,9**	**−0,8**	**0,0**	**1,1**	**1,1**
Eurozone	−0,7	−0,4	1,1	1,7	2,5	1,5	1,5	1,4
Belgien	−0,1	0,1	1,1	1,4	2,6	1,3	1,3	1,5
Deutschland	0,7	0,5	1,7	1,9	2,1	1,7	1,7	1,6
Estland	3,9	1,3	3,0	3,9	4,2	3,4	2,8	3,1
Irland	0,2	0,3	1,7	2,5	1,9	0,8	0,9	1,2
Griechenland	−6,4	−4,0	0,6	2,9	1,0	−0,8	−0,4	0,3
Spanien	−1,6	−1,3	0,5	1,7	2,4	1,8	0,9	0,6
Frankreich	0,0	0,2	0,9	1,7	2,2	1,0	1,4	1,3
Italien	−2,5	−1,8	0,7	1,2	3,3	1,5	1,6	1,5
Zypern	−2,4	−8,7	−3,9	1,1	3,1	1,0	1,2	1,6
Luxemburg	−0,2	1,9	1,8	1,1	2,9	1,8	1,7	1,6
Malta	0,8	1,8	1,9	2,0	3,2	1,1	1,8	2,1
Niederlande	−1,2	−1,0	0,2	1,2	2,8	2,7	1,7	1,6
Österreich	0,9	0,4	1,6	1,8	2,6	2,2	1,8	1,8
Portugal	−3,2	−1,8	0,8	1,5	2,8	0,6	1,0	1,2
Slowenien	−2,5	−2,7	−1,0	0,7	2,8	2,1	1,9	1,5
Slowakei	1,8	0,9	2,1	2,9	3,7	1,7	1,6	1,9
Finnland	−0,8	−0,6	0,6	1,6	3,2	2,2	1,9	1,8
EU-27	−0,4	0,0	1,4	1,9	2,6	1,7	1,6	1,6
Bulgarien	0,8	0,5	1,5	1,8	2,4	0,5	1,4	2,1
Tschechien	−1,0	−1,0	1,8	2,2	3,5	1,4	0,5	1,6
Dänemark	−0,4	0,3	1,7	1,8	2,4	0,6	1,5	1,7
Lettland	5,0	4,0	4,1	4,2	2,3	0,3	2,1	2,1
Litauen	3,7	3,4	3,6	3,9	3,2	1,4	1,9	2,4
Ungarn	−1,7	0,7	1,8	2,1	5,7	2,1	2,2	3,0
Polen	1,9	1,3	2,5	2,9	3,7	1,0	2,0	2,2
Rumänien	0,7	2,2	2,1	2,4	3,4	3,3	2,5	3,4
Schweden	1,0	1,1	2,8	3,5	0,9	0,6	1,3	1,8
Grossbritannien	0,1	1,3	2,2	2,4	2,8	2,6	2,3	2,1
Island	1,4	1,7	2,3	2,5	6,0	4,6	4,0	3,7
Norwegen	3,1	1,9	2,6	2,7	0,4	1,5	1,8	2,0

Arbeitslosenquote (in %)				Saldo Staatshaushalt (in % am BIP)				Bruttostaatsschuld (in % am BIP)			
2012	2013	2014	2015	2012	2013	2014	2015	2012	2013	2014	2015
3,9	**3,9**	**3,5**	**3,8**	**0,4**	**0,1**	**0,0**	**0,0**	**49,2**	**48,2**	**46,6**	**45,6**
11,4	12,2	12,2	11,8	-3,7	-3,1	-2,5	-2,4	92,6	95,5	95,9	95,4
7,6	8,6	8,7	8,4	-4,0	-2,8	-2,6	-2,5	99,8	100,4	101,3	101,0
5,5	5,4	5,3	5,1	0,1	0,0	0,1	0,2	81,0	79,6	77,1	74,1
10,2	9,3	9,0	8,2	-0,2	-0,4	-0,1	-0,1	9,8	10,0	9,7	9,1
14,7	13,3	12,3	11,7	-8,2	-7,4	-5,0	-3,0	117,4	124,4	120,8	119,1
24,3	27,0	26,0	24,0	-9,0	-13,5	-2,0	-1,1	156,9	176,2	175,9	170,9
25,0	26,6	26,4	25,3	-10,6	-6,8	-5,9	-6,6	86,0	94,8	99,9	104,3
10,2	11,0	11,2	11,3	-4,8	-4,1	-3,8	-3,7	90,2	93,5	95,3	96,0
10,7	12,2	12,4	12,1	-3,0	-3,0	-2,7	-2,5	127,0	133,0	134,0	133,1
11,9	16,7	19,2	18,4	-6,4	-8,3	-8,4	-6,3	86,6	116,0	124,4	127,4
5,1	5,7	6,4	6,5	-0,6	-0,9	-1,0	-2,7	21,7	24,5	25,7	28,7
6,4	6,4	6,3	6,3	-3,3	-3,4	-3,4	-3,5	71,3	72,6	73,3	74,1
5,3	7,0	8,0	7,7	-4,1	-3,3	-3,3	-3,0	71,3	74,8	76,4	76,9
4,3	5,1	5,0	4,7	-2,5	-2,5	-1,9	-1,5	74,0	74,8	74,5	73,5
15,9	17,4	17,7	17,3	-6,4	-5,9	-4,0	-2,5	124,1	127,8	126,7	125,7
8,9	11,1	11,6	11,6	-3,8	-5,8	-7,1	-3,8	54,4	63,2	70,1	74,2
14,0	13,9	13,7	13,3	-4,5	-3,0	-3,2	-3,8	52,4	54,3	57,2	58,1
7,7	8,2	8,3	8,1	-1,8	-2,2	-2,3	-2,0	53,6	58,4	61,0	62,5
10,5	11,1	11,0	10,7	-3,9	-3,5	-2,7	-2,6	86,6	89,7	90,2	90,0
12,3	12,9	12,4	11,7	-0,8	-2,0	-2,0	-1,8	18,5	19,4	22,6	24,1
7,0	7,1	7,0	6,7	-4,4	-2,9	-3,0	-3,5	46,2	49,0	50,6	52,3
7,5	7,3	7,2	7,0	-4,1	-1,7	-1,7	-2,7	45,4	44,3	43,7	45,1
15,0	11,7	10,3	9,0	-1,3	-1,4	-1,0	-1,0	40,6	42,5	39,3	33,4
13,4	11,7	10,4	9,5	-3,2	-3,0	-2,5	-1,9	40,5	39,6	40,2	39,6
10,9	11,0	10,4	10,1	-2,0	-2,9	-3,0	-2,7	79,8	80,7	79,9	79,4
10,1	10,7	10,8	10,5	-3,9	-4,8	4,6	-3,3	55,6	58,2	51,0	52,5
7,0	7,3	7,1	7,0	-3,0	-2,5	-2,0	-1,8	37,9	38,5	39,1	39,5
8,0	8,1	7,9	7,4	-0,2	-0,9	-1,2	-0,5	38,2	41,3	41,9	41,0
7,9	7,7	7,5	7,3	-6,1	-6,4	-5,3	-4,3	88,7	94,3	96,9	98,6
6,0	4,9	4,8	4,5	-3,8	-2,0	-0,7	0,0	96,4	94,2	90,2	85,4
3,2	3,2	3,4	3,6	13,6	13,6	13,1	12,8	28,8	27,1	26,0	24,4

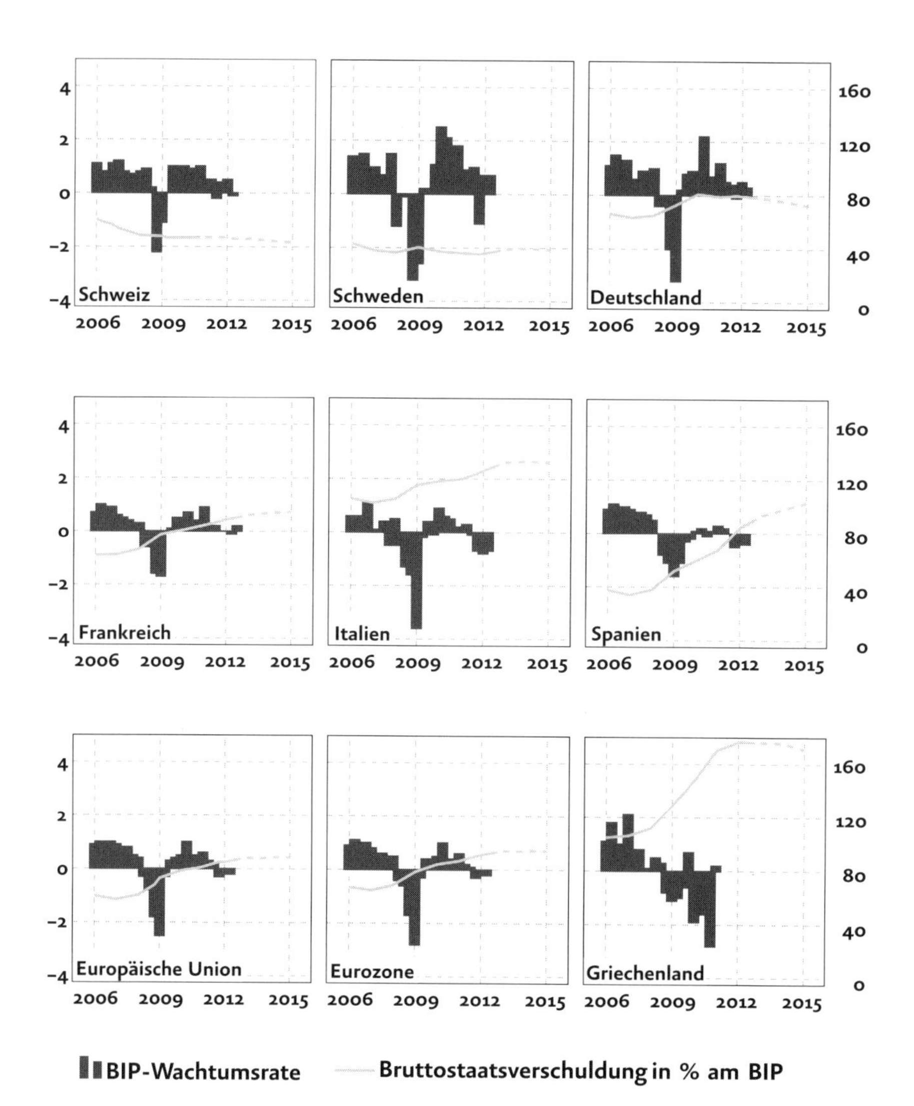

Abbildung 20: Entwicklung des BIP-Wachstums (linke Skala) und der staatlichen Bruttoverschuldung am BIP (rechte Skala). Angaben in Prozent. Quelle: Eigene Darstellung auf Basis von Daten von Oxford Economics und des IMF.

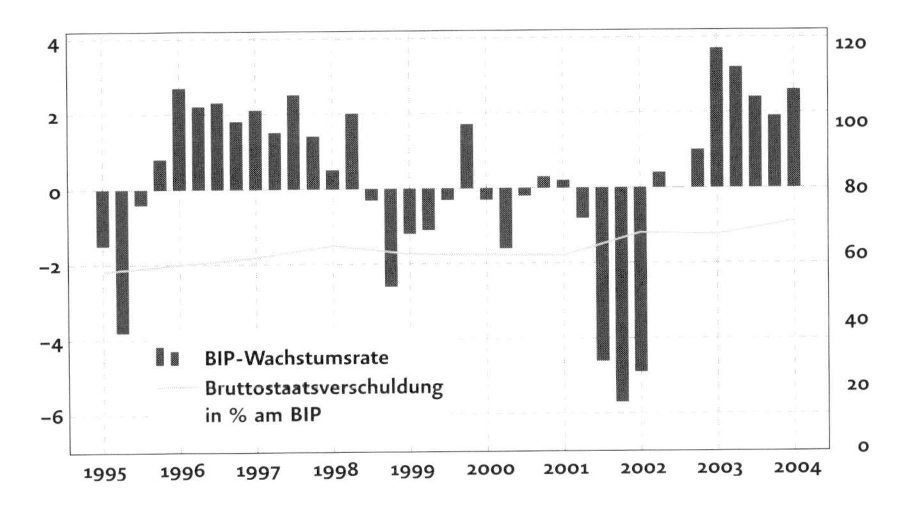

Abbildung 21: BIP-Wachstum (linke Skala) und staatliche Bruttoverschuldung am BIP (rechte Skala) in den Jahren der Argentinienkrise (1998–2002). Angaben in Prozent. Quelle: Eigene Darstellung auf Basis von Daten von Oxford Economics und des IMF.

11 Wege aus der Schuldenfalle

11.1 Private Haushalte und Unternehmen sowie politische Gemeinden

Im privaten Bereich, bei den Haushalten, den Unternehmen und auch bei der kleinsten politischen Einheit, den Gemeinden, sind bereits heute Kräfte am Werk, die das Schuldenmachen zumindest auf gesamtwirtschaftlicher Ebene wirksam begrenzen und auf das Optimum ausrichten.

Wenn trotzdem Konkurse passieren, beschränken sich die Konsequenzen auf die betroffenen Schuldner und Gläubiger. Zentral ist dabei die Einheit von Entscheidung und Haftung. Wer Schulden macht, ist selbst schuld, wenn er illiquid oder insolvent wird. Der Konkurs ist ein rechtlich sauber geregeltes und politisch legitimiertes Verfahren, hinter dem das Machtmonopol des Staates steht und das eine zwangsweise Durchsetzung garantiert. Der Konkurs trifft die Direktbetroffenen in seiner vollen Härte, obwohl längst nicht alle dumme oder auch nur fahrlässige Entscheidungen getroffen haben. Investitionen in die Zukunft sind immer risikobehaftet und ungewiss. Gerade weil das so ist, müssen wir den Markt als Entdeckungsverfahren benutzen. Dass einige auf der Strecke bleiben müssen, ist dabei normal. In die private Haftung für private Schulden miteinbezogen sind die Eigenkapital- und Kreditgeber, die aber die Risiken diversifizieren können und eine marktgerechte Risikoprämie einkalkuliert haben sollten. Die Schuldenbremse ist hierbei immer der Kredit- oder Kapitalmarkt.

Trotzdem haben wir in Kapitel 3 dargelegt, dass auch privates Leveraging von Haushalten und Unternehmen zu Bankenkrisen führen kann, die sich zu Währungs- und/oder Staatsschuldenkrisen ausweiten können. Dies vor allem dann, wenn die Finanzinstitute ihre Eigenkapitalquoten fahrlässig und nicht nachhaltig nach unten gefahren haben und im Notfall, wenn sie vom Kollaps bedroht sind, vom Staat gerettet werden. Bricht die Krise abrupt und akut aus, ist ein sogenanntes Deleveraging erforderlich. Während z.B. in den USA in den 1930er-Jahren die Entschuldung des privaten Sektors massiv ausfiel, bei den Finanzinstituten waren es binnen eines Jahrzehnts 67 Prozent, bei den

Firmen 38 Prozent und bei den Haushalten 40 Prozent, blieb der Staat insofern neutral, als er sich weder neu verschuldete noch entschuldete. Zwischen 2008 und 2011 entledigte sich der private Finanzsektor knapp 30 Prozent seiner Schulden und die Firmen und Haushalte etwas unter 10 Prozent. Der Staat jedoch legte neue Schulden im Umfang von 33 Prozent zu. Und dabei stehen die USA noch besser da als die meisten EU-Länder. So nahm in Grossbritannien, Italien und Spanien die Gesamtverschuldung aller drei Sektoren insgesamt weiter zu, in Grossbritannien und Spanien stieg die Staatsverschuldung gar um über 50 Prozent an. Man darf deshalb die Prognose wagen, dass die USA schneller wieder beim Normalzustand ankommen werden als die hoch verschuldeten EU-Staaten, deren Schuldenstände weiter steigen und deren Schuldenquoten am BIP zunehmen.

Die kleinste politische Einheit, die Gemeinde, funktioniert zumindest in der Schweiz weitgehend nach demselben Muster wie die Privaten. Die Einheit von Entscheidungsträgern und den von den Konsequenzen Betroffenen bleibt in hohem Masse gewahrt, indem die Konkurrenz sowohl auf der Leistungs- wie auf der Steuerebene stark ist, aber auch die Verschuldung auf dem Kapitalmarkt begrenzt ist. Die meisten Gemeinden haben zudem Ausgaben- oder Schuldenbremsen, die auch vom Kanton überwacht und durchgesetzt werden. Zudem kann der Kanton nicht überlebensfähige Gemeinden durch Anreize oder mehr oder weniger sanften Zwang zu Fusionen veranlassen. Vorsicht geboten ist jedoch beim Finanzausgleich, der sich strikte auf den Ressourcen- und den Lastausgleich konzentrieren sollte, um die Grenzkosten der einzelnen Ausgabenprojekte nicht nach unten zu verzerren.

11.2 Reformen beim Bund, bei den Kantonen und den Pensionskassen

Bei den Kantonen ist das Risiko der durch Collective Action bedingten Übernutzung der Fiskal-Allmende (Fiscal Commons) im Prinzip grösser als bei den Gemeinden. Dem wirkt jedoch der Steuerwettbewerb entgegen, insbesondere bei den Unternehmen und den Steuerzahlern mit hohen Einkommen und Vermögen. Beide Gruppen sind sehr mobil. Nebst dem Steuerwettbewerb üben auch die Kapitalmärkte eine disziplinierende Funktion aus. Dabei wird zudem der unterschiedlichen Gesundheit der jeweiligen Pensionskassen Rechnung getragen. Dies ist in den Ratings der einzelnen Kantone sichtbar, die Auskunft über die Kreditwürdigkeit geben (vgl. Tabelle 6). Während die Kantone Appenzell Ausserrhoden, Nidwalden, Schwyz sowie Zug und Zürich jeweils das Maximalrating AAA mit dem Ausblick «stabil» erhalten, werden Bern, der Jura, Neuenburg sowie das Tessin und Uri mit dem Urteil Tiefes AA eingestuft, wobei der Ausblick meist «stabil» bis «negativ» ist. Mit Ausnahme von Genf, das lediglich ein hohes A verliehen bekommt, liegen die anderen Kantone recht gleich verteilt dazwischen.

Die Unterschiede in den Ratings schlagen sich auch in der Höhe der einzelnen Renditen der Kantonsanleihen nieder. Es muss jedoch darauf hingewiesen werden, dass diese nicht direkt vergleichbar sind, da die Tranchen zu unterschiedlichen Zeitpunkten und Laufzeiten ausgegeben wurden. Nebst der Sanierung der kantonalen Pensionskassen wären auch die Privatisierungen vor allem im Energiebereich voranzutreiben. Hier haben einzelne Kantone wie beispielsweise Bern sowohl mit den Bernischen Kraftwerken wie auch mit der Kantonalbank Verluste in Milliardenhöhe eingefahren. Die Privatisierung öffentlicher Versorgungsunternehmen ist deshalb nicht nur aus Gründen der betrieblichen Effizienz oder der Schaffung von Preis- und Innovationswettbewerb zu forcieren, sondern auch zur Risikominimierung für die Steuerzahler im Falle hoher Verluste oder steigender Verschuldung.

Auf längere Sicht sind auch Fusionen zwischen einzelnen Kantonen nicht ausgeschlossen, obwohl natürlich kein finanzstarker Kanton ein Interesse hat, sich mit der Integration eines finanzschwachen zu belasten. Der Bund hat mit der Schuldenbremse ein Instrument entwickelt, das international Beachtung und Anerkennung findet.

Kanton	CS-Rating	CS-Ausblick
Aargau	Hohes AA	Stabil
Appenzell AR	AAA	Stabil
Appenzell IR	Hohes AA	Stabil
Basel-Landschaft	Hohes AA	Stabil
Basel-Stadt	Hohes AA	Stabil
Bern	Tiefes AA	Stabil
Freiburg	Hohes AA	Stabil
Genf	Hohes A	Stabil
Glarus	Mittleres AA	Stabil
Graubünden	Hohes AA	Stabil
Jura	Tiefes AA	Negativ
Luzern	Mittleres AA	Positiv
Neuenburg	Tiefes AA	Negativ
Nidwalden	AAA	Stabil
Obwalden	Hohes AA	Stabil
Schaffhausen	Hohes AA	Stabil
Schwyz	AAA	Stabil
Solothurn	Mittleres AA	Positiv
St. Gallen	Hohes AA	Stabil
Tessin	Tiefes AA	Negativ
Thurgau	Mittleres AA	Stabil
Uri	Tiefes AA	Stabil
Waadt	Mittleres AA	Stabil
Wallis	Mittleres AA	Stabil
Zürich	AAA	Stabil
Zug	AAA	Stabil

Tabelle 6: Credit Suisse Rating der Schweizer Kantone im Jahr 2012 sowie deren mittlere Verzinsung von Anleihen und Coupons im Überblick. Quelle: Credit Suisse (2012).

11.3 Ausweitung der Schuldenbremse und Einführung von Regulierungsbremsen

Die Ausdehnung der Schuldenbremse beim Bund auf die Sozialversicherungen oder, noch besser, die Einführung einer massgeschneiderten Schuldenbremse für diesen Bereich, ist in Vorbereitung und verdient die volle Unterstützung. Leider scheint die Politik sie wenig bis gar nicht zu lieben und sie wie kürzlich die IV abzulehnen. Wichtig wären auch hier automatische Stabilisatoren wie z.B. regelgebundene Anpassungen des Rentenalters, des Umwandlungssatzes oder der Beitragssätze (Feld und Schaltegger 2012[23]). Besondere Beachtung verdienen auch die rechtlich selbstständigen, aber wirtschaftlich vom Staat kontrollierten öffentlichen Unternehmen wie Swisscom, SBB, SUVA und SRG, die immer mehr zu Quasi-Fisci mutieren und Defizite verschleiern oder in die Zukunft schieben können. Gefährliche buchhalterische Umgehungsvarianten sind auch die zahlreichen Infrastrukturfonds, die langfristige Finanzierungsverpflichtungen mit einem faktischen Ausgabenzwang begründen. Dies ist auch bei sogenannten Entitlements im Sinne von Leistungsversprechen z.B. für Renten oder Prämienverbilligungen der Fall. Doch lassen sich solche Versprechen in Zukunft leichter den neuen Bedingungen anpassen als Fonds mit genau fixiertem Zweck. Die sich abzeichnende Tendenz zu Fondslösungen für die Finanzierung der Infrastruktur ist deshalb klar abzulehnen. Sie vergrössert das Collective-Action-Problem durch inkonsistente Zerstückelung der Gesamtverantwortung für Budget und Ausgaben. Jede Interessengruppe kümmert sich nur noch partiell um die Höhe ihres Fonds und schiebt die Verantwortung für die Staats- und Schuldenquote in den Hintergrund.

Schliesslich ist gerade in der Schweiz die Gefahr gross, dass budgetwirksame Lenkungsmassnahmen auf der Einnahmen- wie auf der Ausgabenseite durch Regulierungen substituiert werden. Dabei entstehen steigende Kosten, die für die Haushalte und Unternehmen alles andere als transparent sind. Die in der Energiewende eingeschlagene Strategie geht ganz in diese Richtung. Die angestrebte Steigerung der Energieeffizienz soll dabei durch Gebote und Verbote und durch Subventionen erfolgen und weniger durch Lenkungsabgaben über den Preis. Damit werden die volkswirtschaftlichen Kosten nicht nur intransparenter, sondern auch höher. Wenn Lenkungsabgaben, die ausschliesslich über die Preise wirken und damit den Produzenten und Verbrauchern die optimale Anpassung überlassen, der effizienteste Ansatz sind, dann ist jeder andere weniger effizient. Jedem Effizienzargument zum Trotz scheint aber die Regulierung politisch nicht nur opportun, sondern klar attraktiv zu sein, weil sie suggeriert, dass die Bevölkerung dank Einsparungen im Energieverbrauch auch finanzielle Einsparungen erziele. Wenn wirklich derart hohe Sparpotenziale vorhanden wären, würden diese auch ohne Regulierung gerne und sofort ausgeschöpft. Wenn Tausendernoten auf der Strasse herumliegen, muss der Staat die Bevölkerung ja auch nicht regulatorisch dazu verpflichten, diese Noten aufzulesen! Die Sparappelle der Politiker an die Bevölkerung erinnern mich an den Witz vom geizigen Bauern, der seinem Esel das Fressen abgewöhnen wollte. Schliesslich verhungerte das arme Tier nach einiger Zeit, worauf der Bauer meinte: Das Schlimmste für ihn sei gewesen, dass sein Esel ausgerechnet dann verschied, als er das Leben ohne Nahrung gelernt zu haben schien. Analog werden Frau Leuthard & Co. beim ersten Blackout mit Riesenkosten besonders bedauern, dass dieser just dann auftrat, als die Wende beinahe geschafft gewesen sei. Es wäre deshalb ein lohnendes Ziel, über die Schaffung einer Regulierungsbremse in Analogie zur Ausgaben- und Schuldenbremse nachzudenken. Um dies in einer direkten Demokratie umzusetzen, müsste man der ökonomisch unbedarften Mehrheit des Wählervolks jedoch zunächst den Unterschied zwischen Absicht und Wirkung von Regulierungen näherbringen. Dafür, dass diese häufig nicht zusammenfallen, haben wir bereits zahlreiche Beispiele dargelegt (vgl. Fehlanreize in der Finanzmarktregulierung).

«The bill for regulation is not presented directly in one lump sum. It is presented indirectly and in hidden fashion, and it is presented in many small pieces. Yet regulation is just another form of taxation.»[24]

Polit-ökonomisch brisant ist hier die Verquickung von privaten Interessen mit bürokratisch-administrativen des Staatsapparates. Es ist heute längst nicht immer so, dass der Staat einer widerspenstigen Branche Regulierungen aufzwingt, sondern sehr häufig sind es die regulierten Betriebe oder Branchen selbst, die mithilfe von Regulierungen neue Absatzkanäle öffnen oder die Konkurrenz fernhalten können. Cleantech und das Bundesamt für Energie bzw. das Bundesamt für Umwelt bilden schon heute eine Symbiose zwischen Staat und Privatsektor, wie wir dies in der Agrarwirtschaft perfektioniert haben. Wer daran zweifelt, soll den Cleantech-Masterplan[25] studieren!

11.4 Lösungsansätze für Euroland

Strukturelle Überschuldung führt letztlich immer in den Bankrott. Das gilt für private Haushalte oder Unternehmen ebenso wie für Staaten. In den letzten 200 Jahren haben nur eine Handvoll Staaten ihre Schulden nie umstrukturieren müssen, darunter selbstverständlich die Schweiz. Allerdings gibt es für Staaten kein rechtlich geregeltes und durchsetzungsfähiges Insolvenzverfahren. Die Staaten erklären sich ihren Auslandgläubigern gegenüber einseitig als zahlungsunfähig und verhandeln im Nachgang über den Haircut. Gläubiger von Staaten tragen somit das sogenannte Souveränitätsrisiko, dessen Eintrittswahrscheinlichkeit sich in den Renditen auf den Kapitalmärkten widerspiegelt und durch die Ratingagenturen geschätzt wird. Griechenland ist faktisch seit längerer Zeit bankrott, aber es kommt ohne Default über die Runden, weil die Troika immer wieder neue Kredite zur Verfügung stellt und weil die EZB erklärt hat, unlimitiert Staatstitel aufzukaufen. Dies heisst nichts weniger, als dass die EZB bereit ist, den griechischen Staat grenzenlos zu finanzieren und die Ausfallrisiken in die Bilanz der EZB zu verschieben. Das hat die Kapitalmärkte kurzfristig etwas beruhigt, leider aber auch die Bereitschaft zur Strukturanpassung in den überschuldeten Ländern geschwächt und die Bilanzen der Notenbanken innert kürzester Zeit etwa vervierfacht. Das kann natürlich nicht ewig so weitergehen.

Der Lösungsansatz liegt auf der Hand. Statt immer neue Kredite zu sprechen und die Zinsen geldpolitisch gegen null zu drücken, braucht es einen Schuldenschnitt – und zwar nicht nur zulasten der privaten Gläubiger, sondern insbesondere auch zulasten der öffentlichen. Dieser müsste mit glaubwürdigen und langfristigen Reformauflagen für Griechenland verbunden werden. Das ist bei einem einmaligen Schuldenschnitt viel leichter durchsetzbar als bei einer fortlaufenden Kreditgewährung mit Bedingungen. Denn jetzt könnte man glaubhaft ankündigen, dass Griechenland aus der Währungszone ausgeschlossen wird, wenn es die Meilensteine auf dem Reformweg nicht einhält. Ohne Schuldenschnitt sind nämlich Reform- oder Restrukturierungsabsichten der griechischen Regierung unglaubwürdig, weil es objektiv unmöglich ist, aus dieser Schuldenkrise aus eigener Kraft herauszukommen. Gleichzeitig müsste die EZB ihre expansive Geldpolitik aufgeben und die Aufkäufe von Staatspapieren sofort einstellen. Nur so kann der Kapitalmarkt seine Kontroll- und Signalfunktionen wieder übernehmen. Eine Zentralisierung der Bankenaufsicht wäre dafür ebenso kontraproduktiv wie eine Vergemeinschaftung der nationalen Schulden im Rahmen einer gesamteuropäischen Fiskalunion. Denn beide Schritte würden den Moral Hazard in potenziellen Defizitländern vergrössern und die Kapitalmarktdisziplin reduzieren. Ein offizieller Abschreiber auf griechischen Schulden im Rahmen des ESM oder der EZB würde natürlich die Zentralbanken und die Finanzhaushalte der Gläubigerländer belasten, hätte aber zur Folge, dass Defizitländer wieder mit risikogerechten Zinsen rechnen müssten bzw. Geldgeber Kredite verweigern oder nur mit hohen Risikoprämien gewähren würden. All das ist auch im Rahmen der Währungsunion realisierbar. An einem Schuldenschnitt im Sinne eines offiziellen Bankrotts von hoffnungslos überschuldeten Staaten führt auch in Euroland kein Weg vorbei.

Auf realpolitischer Ebene gibt es jedoch starken Widerstand gegen ein solches Vorgehen. Zum einen kann dies darauf zurückgeführt werden, dass die in der Verantwortung stehenden Politiker in diesem Fall zugeben müssten, einen katastrophalen Fehler begangen zu haben. Zum anderen spielt in diesem Kalkül sicher auch die Sorge um eine erneute Bankenkrise in den Gläubigerländern eine Rolle.

Ebenfalls eine realistische Alternative ist, dass Griechenland selbst die Geduld oder das Durchhaltevermögen verliert und im Stil von Argentinien im Jahr 2001 einseitig einen Default erklärt, den Euro abschafft und durch eine neue, stark abgewertete Drachme ersetzt. Ökonomisch betrachtet wäre diese Option für Griechenland natürlich viel schmerzhafter als die Variante mit dem beidseitig vorverhandelten Schuldenschnitt. Das eine oder andere muss jedoch geschehen, wobei die Sache politisch entschieden werden wird. Entweder wächst in der Troika die Einsicht, dass ein offizieller Schuldenschnitt für die öffentlichen Gläubiger unumgänglich geworden ist. Oder in Griechenland wird die Verzweiflung so gross, dass man ein Ende mit Schrecken einem Schrecken ohne Ende vorzieht. Wird einfach im jetzigen Stil weitergemacht, treibt das die Eurozone langsam aber sicher in eine Inflation hinein, die dann erst recht zu einem Zerfall der Währungsunion führen müsste, weil vor allem für Deutschland die Inflation ein Schreckgespenst ist und bleibt.

Anmerkungen

1 Plumpe (2010).
2 Das Verhältnis bzw. die Ratio ist definiert als die jährlichen Ausgaben geteilt durch die Einnahmen des Staates im selben Zeitraum. Ein Wert über 1 bedeutet also, dass der Staat mehr ausgegeben, als er im gleichen Zeitraum eingenommen hat.
3 Reinhart/Rogoff (2009), S. 11.
4 Für die Schweiz konstatierten die Autoren jedoch einen Grenzfall im Jahr 2008. Es besteht somit durchaus Dissens darüber, ob die Schweiz ab 2008 eine Bankenkrise erlebte oder nicht.
5 Reinhart/Rogoff (2009), S. 7.
6 Ebd., S. 11.
7 Gemeint sind hiermit vor allem Blasen aufgrund asymmetrischer Information. Davon zu unterscheiden ist das Über- bzw. Unterschiessen von (Finanz-)Märkten, das lediglich kurzfristig zu einem Ungleichgewicht führt.
8 G.W. Bushs Rede an der «White House Conference on Increasing Minority Homeownership», 2002. http://www.vdare.com/posts/2002-bushs-speech-to-the-white-house-conference-on-increasing-minority-homeownership (Zugriff am 20.10.2013).
9 Im Juli 2012 folgte eine Senkung auf 0,75 Prozent und im Mai 2013 auf 0,5 Prozent.
10 Bundesamt für Statistik, Einkommen, Verbrauch und Vermögen – Analysen, http://www.bfs.admin.ch/bfs/portal/de/index/themen/20/02/blank/dos/04/02.html (Zugriff am 20.10.2013).
11 Wagner (2012), S. 13.
12 Staatsquoten geben das Verhältnis der Staatsausgaben und -einnahmen zum Bruttoinlandsprodukt während einer Periode an. Sie geben daher zum einen Hinweise auf den Anteil des Staates als Nachfrager an der volkswirtschaftlichen Wertschöpfung. Zum anderen zeigt sich in den Einnahmen auch, wie viel der Staat dem Wirtschaftskreislauf wieder entzieht. Zumeist verhalten sich diese beiden Grössen zumindest langfristig proportional.
13 Bank für Internationalen Zahlungsausgleich (2013).
14 Wagner (2012), S. 60.
15 Avenir Suisse (Hrsg.), Mehr Markt für den Service Public, 2012.
16 Schweizerische Sozialversicherungsstatistik 2011.
17 Eigene Berechnungen. Vgl. hierzu z.B. den Anteil steuerpflichtiger Personen im Kanton Basel-Stadt: 65,3 Prozent; in Zürich: 63,6 Prozent; und in Bern: 64,5 Prozent.
18 Schellenbauer /Müller-Jentsch (2012).
19 Meister (2012), http://www.avenir-suisse.ch/15068/mehr-markt-fur-den-service-public/ (Zugriff am 20.10.2013).
20 Feld/Schaltegger (2012).
21 Ebd.
22 Um diese Schulden zu entwerten, sehnten sich Japans Geldpolitiker nach Inflation. Der neuerliche Kurswechsel in der Geldpolitik soll die lange Periode der Deflation beenden, das Schuldenproblem

durch Inflation entschärfen und ausserdem Wachstum im «Land des verlorenen Jahrzehnts» schaffen.

23 Feld/Schaltegger (2012).

24 Wagner (2001), http://www.limitedgovernment.org/publications/opi_columns/OPI3-8.htm (Zugriff am 20.10.2013).

25 www.cleantech.admin.ch/cleantech (Zugriff am 20.10.2013).

Glossar

Adverse Selection
Marktversagen, das sich darin äussert, dass Informationsasymmetrie zwischen den Vertragspartnern in Bezug auf die Qualität eines Guts vor Vertragsschluss vorliegt. Häufig führt dies dazu, dass sich Anbieter hoher Gutsqualität aus dem Markt zurückziehen.

Allmend (Common)
Ökonomisches Gut, das durch die Gesellschaft als Kollektiv für die Gemeinheit bereitgestellt wird. Es zeichnet sich durch einen hohen Rivalitätsgrad in der Nutzung bei gleichzeitiger Nichtausschliessbarkeit von dieser aus.

Allokative Ressourceneffizienz
Die unter ökonomischen Gesichtspunkten optimale Zuordnung (Allokation) von Ressourcen (z.B. Kapital) zur Herstellung von Gütern in einer Volkswirtschaft.

Arrow-Theorem
Ökonomisches Modell, das darstellt, dass auch Mehrheitsentscheidungen – egal welcher Abstimmungsform – nicht zu einem eindeutigen Ergebnis führen.

Asymmetrische Information
Zustand, in dem die Vertragsparteien nicht über denselben Informationsstand verfügen. In der Folge kommt einer Partei durch bessere/ mehr Information eine relativ bessere Verhandlungsposition zu, was zu Marktversagen führt.

Austerität
Strenge Sparpolitik des Staates im Gegensatz zu einer expansiven Fiskalpolitik nach keynesianischem Vorbild.

Bail-out-Verbot
Verbot, das die Übernahme von Schulden bzw. deren Tilgung einer Wirtschaftseinheit durch Dritte untersagt. Des Weiteren ist auch die Haftungsübernahme ausgeschlossen.

Cashflow-Rechnung
Geldflussrechnung, die den Zufluss liquider Mittel und den Abfluss derselbigen innerhalb einer Periode darstellt.

Clinton-Boom
Rasanter Anstieg des Bruttoinlandsprodukts bei gleichzeitigem Absinken der Arbeitslosigkeit unter Präsident Clinton in den USA, während seiner Amtsperioden von 1993 bis 2001.

Collective Action
Kollektives Handeln bezeichnet den Prozess, bei dem ökonomisch eigenständige Individuen in einem gemeinsamen Entscheidungsprozess ein Kollektivgut erstellen.

Collective-Action-Bias
Marktverzerrungen (bzgl. Preis und Menge) eines Gutes, die durch Entscheidungsfindung im Kollektiv entstehen und daher nicht den Präferenzen der einzelnen Individuen entsprechen.

Deleveraging
Absenkung der Leverage Ratio (Grad der Verschuldung einer Investition).

Depositen
Kurz- und mittelfristige (Bank-) Einlagen.

Depression
Lange andauerndes Konjunkturtief in einer Volkswirtschaft in Abgrenzung zur Rezession, die eine vorübergehende Abkühlung der Konjunktur beschreibt.

Expansive Fiskalpolitik
Erhöhung der Staatsausgaben oder Senkung der Steuern durch den Staat. Beides führt zur einer Erhöhung des staatlichen Budgetdefizits.

Humankapital
Leistungspotenzial eines Arbeitnehmers, das auf seine Qualifikationen durch Ausbildung und Erziehung zurückgeht.

Hyperinflation
Eine monatliche Preissteigerungsrate von 50 Prozent oder mehr, was einer jährlichen Inflationsrate von mehr als 12 000 Prozent entspricht.

Intergenerativ
Zwischen Generationen (mindestens zwei) stattfindend.

Intragenerativ
Innerhalb einer Generation stattfindend.

Junk Bonds
Wörtlich «Müllanleihen»; ungesicherte Schuldverschreibungen, die aufgrund einer geringen Rückzahlungswahrscheinlichkeit einen besonders hohen Anleihenzins versprechen.

Keynesianer
Anhänger des Keynesianismus.

Leverage
Hebelwirkung der Finanzierungskosten. Hierbei hilft ein höherer Grad an relativ günstigem Fremdkapital, die Rendite des Eigenkapitals überproportional zu erhöhen.

Leverage Ratio
Grad der Verschuldung bei einer Investition, erfasst als Verhältnis bilanziellen Fremd- und Eigenkapitals.

Minder-Initiative
Schweizerische Volksinitiative «gegen die Abzockerei», die unter anderem ein Verbot von Abgangsentschädigungen und Vorauszahlungen für Verwaltungsräte vorsieht.

Moral Hazard
«Moralisches Risiko»; liegt dann vor, wenn zwischen dem, was für das Individuum zum einen und für das Kollektiv zum anderen rational ist, ein Widerspruch entsteht, sodass Handlungsanreize nicht zum gesamtwirtschaftlich optimalen Ergebnis führen. Häufig geht es hierbei um die Verteilung des Vertragsrisikos, das nicht im Verhältnis zur Ertragschance auf die Vertragspartner aufgeteilt wird.

New Economy
Eine in den 1990er-Jahren aufgekommene ökonomische Theorie als Gegenpol zur Old Economy. Sie führt rückgängige Arbeitslosenzahlen bei gleichzeitig sinkender Inflation und sinkenden Zinsen auf den vermehrten Einsatz von Informationstechnologien zurück.

Private Property Budgeting
Budgetierung, also die Verteilung/Einteilung finanzieller Mittel durch den Besitzer, der ebenfalls Risikoträger ist. Dies im Gegensatz zu Common Property Budgeting.

Public Choice
Auch «Neue Politische Ökonomie». Ökonomisch basierter Erklärungsansatz des politischen Verhaltens, der Strukturen oder Entscheidungsprozesse.

Quantitative Easing
Wörtlich «Quantitative Lockerung»; beschreibt den Zustand expansiver Geldpolitik, also einen Zinssatz der Zentralbank nahe null, in dem die Zentralbank zusätzlich private und staatliche Anleihen aufkauft, um die Realwirtschaft mit billigem Geld zu versorgen.

Quersubventionierungen
Unterstützung eines defizitären Unternehmens oder Betriebszweigs durch solche, die Uberschüsse erwirtschaften.

Rent Seeking
Das Nutzen politisch erwirkter Privilegien von Marktakteuren zur Erschliessung, Verteidigung und Verbesserung von Einkommenserzielungschancen.

Residual Claimant
Person, die den Gewinn nach Abzug sämtlicher Kosten erhält. In der Regel ist dies dieselbe Person, welche bei einem möglichen Verlust haftbar gemacht wird.

Return on Investment (ROI)
Rentabilität einer Investition gemessen als das Verhältnis einer Erfolgsgrösse zum eingesetzten Kapital.

Rezession
Vorübergehende konjunkturelle Abkühlung. Die technische Definition geht von einem preis-, kalender- und saisonbereinigten Rückgang des Bruttoinlandsprodukts in zwei aufeinanderfolgenden Quartalen aus.

Sound Finance
Solides Finanzgebaren, das dauerhaft gleich hohe Einnahmen wie Ausgaben unterstellt.

Spekulationsblase
Englisch «Bubble». Unter spekulativen Blasen wird die Überinvestition in eine Anlageklasse verstanden, die vor allem durch einen sogenannten Herdentrieb zustande kommt und zu einem Abweichen des Asset-Preises von seinem Fundamentalwert führt.

Stagflatorisch
Kofferwort aus den Begriffen «Stagnation» und «Inflation». Zustand,

in dem innerhalb eines Währungsgebiets volkswirtschaftliche Stagnation (also Nullwachstum) und Inflation (Preissteigerungen) zusammenkommen.

TBTF-Problematik
Die Too-big-to-fail-Problematik beschreibt den Zustand, in dem die Systemrelevanz eines Wirtschaftssubjekts (insbesondere Unternehmen und Staaten) dafür sorgt, dass bei drohender Insolvenz die Rettung des Subjekts gesamtvolkswirtschaftlich günstiger bewertet wird als die Kosten der Insolvenz selbst.

Trade-off
Austauschbeziehung betrachteter Faktoren, die in der Regel eine gegenläufige Abhängigkeit aufweisen (z.B. Kosten-Nutzen-Verhältnis, Preis-Leistungs-Verhältnis).

Troika
Im Kontext der Eurokrise wird das Dreigespann aus Europäischer Kommission, Europäischer Zentralbank sowie Internationalem Währungsfonds als Troika bezeichnet.

Wohlfahrtsmaximierend
Die Wohlfahrt, also den aggregierten Nutzen der Konsumenten und der Produzenten in einer Volkswirtschaft, maximierend.

Literaturverzeichnis

Bank für Internationalen Zahlungsausgleich (2013), *83. Jahresbericht.*

Board of Governors of the Federal Reserve System (2013), *Federal Reserve Flow of Funds Report.*

Borner, Silvio und Frank Bodmer (2010), *Crash: Marktversagen – Staatsversagen,* Rüegger Verlag.

Bundesamt für Sozialversicherungen (2011), *Schweizerische Sozialversicherungsstatistik 2011.*

Cosandey, Jérôme und Alois Bischofberger (2012), *Verjüngungskur für die Altersvorsorge. Vorschläge zur Reform der zweiten Säule,* Avenir Suisse (Hrsg.), Verlag Neue Zürcher Zeitung.

Credit Suisse AG (2012), *Kreditratings Schweizer Kantone.*

Europäische Kommission (2013), *Herbstprognose 2013,* Europäische Union (Hrsg.).

Feld, Lars P. und Christoph A. Schaltegger (2011), *Soziale Sicherheit sichern. Plädoyer für eine Schuldenbremse,* Avenir Suisse (Hrsg.), Verlag Neue Zürcher Zeitung.

Meister, Urs (2012), *Mehr Markt für den Service Public. Warum die Schweizer Infrastrukturversorgung weniger Staat und mehr Wettbewerb braucht,* Avenir Suisse (Hrsg.), Verlag Neue Zürcher Zeitung.

Plumpe, Werner (2010), *Wirtschaftskrisen – Geschichte und Gegenwart,* 4. Auflage, C. H. Beck.

Reinhart, Carmen M. und Kenneth S. Rogoff (2008), *Banking Crises: An Equal Opportunity Menace,* NBER Working Paper Series.

Reinhart, Carmen M. und Kenneth S. Rogoff (2009), *This Time is Different: Eight Centuries of Financial Folly,* Princeton University Press.

Schellenbauer, Patrik und Daniel Müller-Jentsch (2012), *Der strapazierte Mittelstand. Zwischen Ambition, Anspruch und Ernüchterung,* Avenir Suisse (Hrsg.), Verlag Neue Zürcher Zeitung.

Schweizerische Nationalbank (2012), *Vermögen der privaten Haushalte 2011.*

Schweizerische Nationalbank (2013), *Finanzierungsrechnung der Schweiz 2011.*

Tanzi, Vito und Ludger Schuknecht (2000), *Public Spending in the 20th Century: A Global Perspective,* Cambridge University Press.

Wagner, Richard E. (2001), *From the Politics of Illusion to the High Cost of Regulation,* Public Interest Institute at Iowa Wesleyan College, Volume 3, Number 8.

Wagner, Richard E. (2012), *Deficits, Debt, and Democracy: Wrestling With Tragedy on the Fiscal Commons*, Edward Elgar Publishing.

Der Autor

Silvio Borner (1941) ist emeritierter Professor für Wirtschaft und Politik an der Universität Basel und Direktor der von ihm ins Leben gerufenen «WWZ-Summer School for Law, Economics and Public Policy» an der Universität Basel. Daneben ist er Senior Advisor im Institut für Wirtschaftsstudien Basel (IWSB) und bei Hoffmann & Partner sowie Mitglied der Programmkommission von Avenir Suisse und Kolumnist in der *Weltwoche.*

Er studierte an den Universitäten St.Gallen (HSG) und Yale (USA). Von 1974 bis 1978 wirkte er als ausserordentlicher Professor an der Universität St.Gallen, seit 1978 bis zu seiner Emeritierung im Jahre 2009 als Ordinarius an der Universität Basel.

Professor Borner war dreimal Dekan und Begründer der eigenständigen Wirtschaftswissenschaftlichen Fakultät. Mehrere Jahre war er im «Executive Committee der International Economic Association» als Konferenzorganisator und Herausgeber aktiv. Seine Freisemester verbrachte er als Gastprofessor in Stanford, Vancouver, Buenos Aires und Sydney. Er ist Autor oder Co-Autor von mehr als zwei Dutzend Büchern sowie von mehr als hundert Aufsätzen und Beiträgen in Fachzeitschriften im Bereich Ökonomie und Politik, der Entwicklung von Institutionen sowie aktueller wirtschaftspolitischer Fragen.